精神科医の思春期子育て講義

皆川邦直 著
生田憲正・柴田恵理子・守屋直樹 編

岩崎学術出版社

本書を手にとられた方へ

思春期の子どもを持つ親にとって、子どもをどのように育てたらいいのか、子どもとどのように接したらいいのかは、とても難しいものです。そうした難しさに直面したときに、子どもの診療やカウンセリング、心理療法の専門家からの助言は、大変貴重なものになります。

本書の著者、皆川邦直《みなかわくになお》先生は、わが国の思春期青年期精神医学のエキスパートとして知られていました。先生は肺がんのため二〇一六年に惜しまれつつこの世を去ったのですが、その優れた洞察力、専門家の研究会などの会合での斬新で深みのある助言は、多くの臨床家からの賞賛や尊敬を集めていました。

皆川先生の略歴は、最後の解説で掲げたとおりですが、本書は、東京都精神医学総合研究所に在籍していた一九九八年に、近接する東京都立中部総合精神保健福祉センターからの要請で、思春期の患者さんを抱える親御さんたちを対象に行った一連の講義がもとになっています。

皆川先生が亡くなった後、先生の主催する精神科医、心理師の研究グループである東京精神療法研究会（ＴＰＳＧ）のメンバーが、その業績をまとめて整理するなかで、本書のもととなった講義のＤＶＤがみつかりました。それを見てみると、思春期の子どもを抱える親御さんはもちろんのこと、精神医学や心理学の専門家、さらには中学校や高校の教育者のかたがたにとっても、非常に役立つ内容であることがわかりました。

そこで、生田、守屋が、皆川先生が会長をされていた、日本思春期青年期精神医学会の学会誌を発行している岩崎学術出版社編集部の長谷川純さんに提案し、出版を快諾していただきました。皆川先生の奥様にもご自宅を訪ねてこの提案をお伝えして快諾を得ることができました。その後、ビデオの逐語録作成を柴田が取りまとめ、岩崎学術出版社と共同で編集を進めたのが、本書のできあがった経緯です。

実際の講義ではレジュメが配布されました。本書にそれを収載することはできませんでしたが、レジュメに記されていた内容は、文中の「見出し」として生かしました。講義内容の編集にあたっても、現在使用されていない言葉を少し直したこと以外は、皆川先生の言葉遣いをできるだけ生かすよう心がけました。なお、専門家以外の読者の便を図るため、心理学等の専門用語については、各章の担当編者が注を加えております。

本書が、皆川先生の遺志を受けて、親御さんの読者にとっては子育てに、専門家にとっては自分たちの臨床や教育に役立てていただけることを、切に望んでいます。

生田　憲正
柴田恵理子
守屋　直樹

目次

第1章　現代の子育て

第1講 現代社会と家庭――重くなっている親の養育責任

「長いものには巻かれろ」から「個の確立」を必要とする社会へ

1 昔と現代の社会

子どもに問題が起きるのは異常なことではない

現在社会と家庭、重くなっている親の養育責任。今日はこの話をしたいと思います。

私たちは、自分の育った時代の感覚で一生を過ごしますよね。ですから、社会の変化ということについて、親になり、年を重ねれば重ねるほど疎くなっていくんですが、ついつい自分が育った時代の自分や自分の仲間と、我が子を、見比べてしまったりもするわけです。

けれども、戦後の社会は、おそらく人類が今まで経験したことのない、すごいスピードで変化してきています。それによって、日常生活が便利になって、労働時間が短縮できたり、いいこともたくさんあるんですが、その反対に大変になってきていることも、あるわけです。そういう「社会の変化が私たちに与える、子育てへの困難」といった問題が、実際のところ生まれてきています。そのことについて、まず、お話ししておきたいと思うわけです。

　というのは、子どもが、小学校時代から、あるいは中学校時代から、あるいは高校時代から、「学校というレールに乗れなくなってしまって具合が悪い」ということになると、もう親御さんはもう一〇〇％例外なく、みんな「私の子育てのどこが悪かったのかしら」と悩んでしまうわけですよ。それで、すごくつらい気持ちにもなるし、重たい気持ちになるし、暗くなるし、大変になるわけですね。

　そういう気持ちを味わうことは、その子どもさんが、健康に、もう一度回復して、大人への道を歩み始めることへの、助けにはならないわけです。

　それで、「現代社会の中で子どもが育っていく、その途中で子どもに何か問題が起きるっていうことは、決して異常なことじゃないんだ」というふうに正しく認識していただくということが、親御さんに対する「心理教育[注1]」の第一歩だと、日頃思っているものですから、その話をするということであります。

戦前までの日本社会

昔の社会と、現代の社会について、ちょっと思い浮かべてください。私が子どもの頃、昭和二十年代の話です。近所の人に、「お前んちで、お前はきょうだいの何番目だ」と聞かれるじゃないですか。で、「長男だ」とか答えれば、「お前が後を継ぐんだな」という話が、ほとんど例外なく会話として成り立っていた時代です。その頃の社会構造、法律では、跡取りなんて言うものは、もうなくなっている時代なんだけれども、でもみんなの心は昔のままですから、そういう会話が地域でなされていたということですね。

おそらく、第二次大戦後、アメリカのマッカーサーが入ってきて、日本の憲法を書き換えて、それによって法律も変わる、ということが起きるまでの社会っていうのは、徐々に徐々に産業革命が起こり、近代化が起こり、という歩みを、特に明治以降、進めていたわけです。けれども、まだまだ、何というか「和魂洋才」で、心は日本人だけども、表向き、先進国に追いついてやっていくために、仕事の内容であるとか、技能であるとか、そういったものは「洋才」を使うということをやっていたわけですね。

ですからその家の伝承だとかということは非常に重要だったわけです。家の伝承だけでなくて、昔であれば、おじいちゃんの仕事も、お父さんの仕事も、自分の仕事も、子どもの仕事も、孫の仕事も、

注1　心理教育とは、様々な精神保健領域における問題を持つ人やその家族・関係者に対して、問題解決や治療をサポートするために、専門家が適切な情報の提供を行うことである。本書の一連の講義は、思春期青年期における心理的問題や精神性的発達についての親への心理教育として行われた。

ずーっと変わらない、という時代が長く続いていたわけです。

じゃあ、結婚はどうか。結婚は全員できるようになったのは、ごく最近のことなんですよね。江戸時代で、農家の人であれば、結婚できるのは原則長男です。次男坊以下は結婚なんてできない。一部、一生懸命に田を耕して、田を広げた農家では、次男坊にも家を持たせることができるようになり始めたというのが、江戸時代です。それ以前の時代には、長男以外結婚なんてありえない、そういう時代だったんです。

ムラ社会の構造

私が子どもだった昭和二十年代、まだまだ、飢饉の年には娘を売るとか、売らないとか、「そういうことはいけないことなんだからやめよう」というような話が、ちらちらとあったわけですよ。そういう時代では、地縁血縁関係によってムラが出来上がっていて、ムラの中には、互助組織があったわけですね。それは国が助けることによって出来上がる組織ではなくて、自治的なものだったわけです。

江戸の幕府とムラとの関係というのは、年に一回地方の幕府関連のお役人が、ムラに来て、ムラの長と交渉して、その税を納めるということでつながっているだけだったんです。その年に一回税を納めるということを、ムラの長がしているというつながりがあるだけ。通常の村人は、幕府なんて考える必要は全くなかった時代だったわけですよ。それが、前近代社会ですね。

そういう時代には、家庭はどういう人々によって構成されていたかと言いますと、家長がいたんですね、昔から。それから、その奥さんで嬶《カカ》がいて、その子どもがいるわけですね。それから、その家のその家長のお姉さんや妹の子どもたちが、その家の子として育って、その家の子のお父さん、そのお姉さんや妹たちの子どものお父さんが、誰であるか定かでない、と。父親が誰であるかなんて言うことは問題ではなかったわけです。

とにかくそういう形で、万が一、家長になんかがあったときには、次男坊が家長に変わるとか、三男坊がなるとか。万が一、家族になんかあった場合でも、みんなが助け合うことによって、その家が存続する。つまり、人が次の世代を生み育てることができるっていう、そういう形をとっていたわけですね。

ムラの組織は、大きく分けて二つに分かれていました。子ども組っていうのがあるでしょ、それから若者組があって、娘組がある。それから嫁組があったり、じじばば組があったり、壮年の組があったりしたわけです。そういうライフサイクルに応じて、その時々の自分の年齢、年齢に応じて、そのムラの中で果たすべき役割を、協力しながら果たしていく、という組が一方にある。

もう一方に、終生変わらず楽しみを共にする組があったんですね。これを「連中」っていうんですよ。「あの連中」「その連中」っていうのは、そういう言葉から来ているんですね。

ですから、一家の中に、たくさんの子どもがいたし、たくさんの大人がいた。その一家で、支え切れないような問題があれば、ムラの中の助け合いによって、お互いに助け合っていく、という構造であったわけですよ。

それが、明治大正昭和という時代を通じて、特に戦後、都市への人口集中、それから地方の山村や漁村の過疎化と、人が大都市に集中するようになってきたわけですね。そこで、家族構成が、ものすごく変わるわけです。多くは核家族になるんですね。核家族になってしまうと、お父さんとお母さんと子どもたちしかいない。プラスアルファとして、おじいちゃんがいたり、おばあちゃんがいるかもしれない。というふうに、家族形態がすごく変わるわけです。

ボウルビィによる現代社会と子育て

昔のムラでは、仕事を選ぶということもできなかったし、結婚したくてもできるとは限らなかったし、という不自由はあったわけですが、現在では、職業は誰でも自由に選べるでしょ。結婚も自由ですよね。本人同士の自由意志。これは、まあ、不自由より自由の方がいいんだとは思いますけども、でも、それに引っ付いて、地縁血縁関係による互助組織はなくなってしまうという時代です。

そうすると当然、地域と言ってもいろんな地方から移住してきた人々の寄せ集めで、新しい街が出来上がる。その新しい街の中には、昔のムラにあったような助け合いの組織があるかというと、ないわけです。そこで、子育ての責任というものが、一挙に親に集中するという事態が起こるわけです。

これが現代の子どもの育ちに関する問題を作りだす根本的なものなんだ、ということを指摘した、児童精神科医がいます。それが、ジョン・ボウルビィ[注2]という人です。彼の言葉を読みますね。

「多くの後進国では家族は一般的に大集団で、三代あるいは四代にわたる世代が一緒に生活をしていることがある。従って、必要とあれば、祖母、おば、姉が直ちに母親の代理を果たすことができる。その上、もしも一家の稼ぎ手に不幸が起こると、経済的援助の手が容易にさしのべられる。一定地域に住む大家族は――」つまり、三世代、四世代のよせ集まりの、まあ、大家族ですね。「――ある意味では社会保障的価値をもつともいえる。西欧の社会においても農村地帯には結婚などによって結ばれた緊密な家族集団が存在し、その構成員に対して社会保障的援助を与えているところがある。従って、本当に深刻な愛情喪失児の問題は、このような大家族が存在する社会には発生しない。」ここでいう愛情喪失児というのは、どういう子どもたちかっていうと、皆さんの子どもさんなんかではなくてですね、もう、「生まれた時から親がいない」とか、「親はいるんだけれども、通常の育児を受けられるような状況にない」というもっと深刻な、本当に深刻な問題をもっている子どもたちを指します。

「これは西欧の近代化された社会においてこそ問題になる。このような地域に住む若い男女は、他

注2　ジョン・ボウルビィ（一九〇七―一九九〇）：「イギリスの精神分析家、児童精神医学者。精神分析学に比較行動学的研究方法を取り込み、愛着理論をはじめとする早期の母子関係理論を提唱した。」（文献：『精神分析事典』編集代表小此木啓吾、岩崎学術出版社、東京、二〇〇二年）。

なお、引用部分は、『乳幼児の精神衛生』（J・ボウルビィ著、黒田実郎訳、岩崎学術出版社、東京、一九六七年）「西欧社会における家庭崩壊の原因：とくに精神医学的要因について」より。

の地方からの移住者が多く、結婚後に何度も転居する者もまれではない。」東京都の人口は、毎年、約十パーセントずつ入れ替わっているわけですよ。だから十年経つと、数の上では全部入れ替わってしまう。

「このような移転の結果、大多数の家族は地域社会との結びつきを失い、緊急の場合に隣人を助ける伝統は社会から消失する。……この社会的結束の消失により、両親に課せられる育児の責任は、相互の結束が緊密な古い社会の親たちと比較して、非常に重いものになっている。万一、父母が一時的あるいは永久的に生活能力を失うと、近代社会は親に代わる養育者を子どもに与えないばかりか、前近代社会にはみられない重い責任を両親に負わせることによって家庭の崩壊を早めているともいえる。」

育て方が悪かったではなく、子どもの「思い込み」の理解を

これはだから、「親としてこういう育て方が悪かったから、だから我が子がこうなったとか、ああなった」というよりも、もっと、ずっと根本的な問題なんです。だから、親がどんなに良かれと思って、子どもを育てていても、現代の社会では、子どもが一時的に、その育ちをやめてしまう。そこから逸れて行ってしまうということがありうる。だから親としてどういう部分が悪かったとかなんて言うことを考えるのは、やめてください。

そうじゃなくて、子どもが、大人への歩みを、今いったん休んでいる、その行動の裏にある気持ちはどんな気持ちなんだと。

その気持ちの中には、子どもの、誤った思い込みもたくさんあるんですよ。「こんな僕じゃ、こんな私じゃ、とても一人前になれっこない」っていう、誤った思い込み。あるいは、「自分がどんなに頑張ってやったところで、しょせんこんな社会では、幸せな思いをもてる大人になんかなれっこない」っていう思い込み。「自分が何を言ったって誰も耳を貸してくれない、だから言っても無駄」という思い込み、などなどいろんな思い込みがありますね。

「そういう気持ちがあるんで、本当はやればできるのに、本気になって前に進もうとしなくなっているんだなぁ」という理解こそ大切なんです。

なぜかっていうと、そういう思いが、本当に変えようのないものなのか。ちょっとした誤解でそういうふうに思い込んでしまっているだけのものなのかを、子どもが検討するには、その話を誰かとする必要がある。その話をする経過で、「あ、これは俺のただの思い込みだったんだな」、「私の思い過ごしに過ぎないんだ、だったらもう一回やってみようか」という気持ちになれる場合に、もう一回大人になっていく歩みを始めるわけですよ。だから、子どもを理解するときに、その子どもの心の奥に沈み込んでいる、その誤った思い込みも含めて理解していくということが、何より大事なんです。

2　昔と今の若者に求められる「一人前の条件」

ムラ社会での「一人前」の条件

次に、昔と今の若者に求められる一人前の条件ということについてお話しします。

要するに一言で言ってしまうと、「今の子どもたちは大変だ」ということですよ。昔のムラの一人前になるためには、それほど私は大変だったと思わないです。今の子どもは、物質的に恵まれていていいとか、そういった話をよく聞きますけど、そんなことよりもなによりも、今の子どもは大変です。なぜ大変かというお話をします。

昔は、男の子は若者組、女の子は娘組に、大体十五歳前後で入っていますよね。若者組や娘組に入ると、ムラの若者は、男の子のためには若衆宿、女の子のためには娘宿っていうのがあって、そこで寝起きするんですね。それで、ムラの若衆は、若衆宿で寝泊まりして、一部はムラの夜警団になって、当番で夜警をするわけですよ。

いかに鎌倉、室町以降の、戦争が国中で起きた時代だって毎日毎日が戦争ではありません。ムラの若者の全員が、夜警をしていたわけではないんですね。若者組の長が当番を決めて、「今晩お前は夜警をしなさい。お前は、遊んでこい」と言う。

「遊んでこい」というのは何を意味するかというと、「夜這いに行きなさい」ということ。昔の多くのムラは不文律として、そのムラの女性は若者組の支配下にあるんですよ。ですから結婚している女性であっても、若者が夜這いに来れば、拒否する権利はなかったんです。

女の子は、十五歳前後に娘組に入る。若者組に入る場合も、娘組に入る場合も、そのムラの、年上の大人の男性や女性が選ばれて、セックスの手ほどきをしているわけです。女の子の場合に自分にそのセックスの手ほどきをしてくれた男性、その男性が生きている間は、女の子が悩みをもった場合には、その男性に相談に行きますね。夫に相談に行くんじゃないんですよ。男の子は、ムラの女性から手ほどきを受けて、その後、夜這いをするようになる。

「そういうふうになっていいよ」っていう印はいったい何かというと、男の子だと、米俵の重さに相当するような石だとか、そういう重いものを背負って、八〇間とか、一〇〇間とかを、全速力で走れるかとかが条件なんです。女の子であったら、一晩のうちに針仕事をどれくらいできるか。それができれば、まぁいいわけですね。

もうひとつは、ムラにはムラ決めというのと、ムラ掟というのがあるんですね。ムラ掟というのは、不文律なんです。ムラの人間として生まれ育ち、そのムラを背負い、そのムラで死んでいく、村人としての、守らなければならない法ですよ。文章化されていない取り決めです。約束事。これが守れるか。

ムラ掟だけではなくて、ムラ決めっていうのがあるんです。何かっていうと、農作業なんかで、その年々によって、天候状況とか違いますよね。ですから、その必要とされる農作業の量なんかも違ってくる。ある家では、健康な人がちょっと病気になったとか、ケガしたとか、死んじゃったとかということで、必要とする農作業をするには助けが必要になってくる。毎年、毎年、そういう農作業をこなしていくためには、一家だけではやっていけないわけで、村人全員で助け合うわけですね。その時に貸し借りがあるんですよ。

だから「今年、収穫がこれだけこの家であがったらば、お隣さんにはこれだけ渡すんだよ」とか、さらに「向こうの家からこれだけもらうんだよ」とか、そういう取り決めっていうのは毎年しなきゃいけないんですね。毎年取り決めなきゃならないものは、文書化されていて、文律なんです。それがムラ決めです。

このムラ掟という不文律と、ムラ決めという文律のこの二つを守れるということが、村人になる条件なんですよ。約束事が守れるということと、働けるということ、この二つさえ守れれば一人前なんですよ。

しかも、小さいときから、父ちゃん、母ちゃんのそばにいて、見よう見まねで、仕事を覚えていきますからね。だから、そんなに大人になるということは難しいことじゃないんです。

たとえば、私、ある漁師さんを知っているのですけどもね。六十前後の漁師さんですよ。その漁師さんに孫がいる。二歳と三歳。で、三つの男の子の孫は、漁船に乗って、いろいろおじいちゃんから教わるわけですよ。三歳にしてね、どういう魚は、どういうくらいの力が必要とか、船を接岸するためには、どういう作業が必要かとか、みんなよく知っていますよ。受験勉強という面から見れば、勉強していないかもしれないけれども、漁をするということに関しては、もう三つくらいから相当にできますから。

現代社会で「一人前」になることの難しさ

ですから、昔のように、お父さんが農業をやっていれば僕も農業やって僕の子どもも農業やって、漁業やっていれば漁業をやって、武士は武士だということであると、子ども心に、直接、その働く姿を見てるし、一緒にやっていますから、そんなに難しいことじゃないです。

ところが今どうですか。うちのお父さんは、ある会社に勤めているから、僕も無条件にその会社に入れるなんてことないんですよ。「うちのお父さんは東京都に勤めているから、僕も東京都に無条件に勤められる」、こんなにいいことはないかもしれないけれども、そういうことはないんですね。

だから仕事というものは、獲得しなければいけない。自分が努力して、獲得しなければならない。どんな職業に就くにしても、だいたい、読み書きそろばんは最低限はできなければならない。書くのも、このごろは、ちょっと気の利いた会社に入ろうと思ったら、英語ができなきゃいけない。大変なわけですよ。

それから、思春期になって性欲が自分の中に出てきたときに、昔であれば、十五になったらやっていいんだと、「それまでにこれくらいのことができるように」ということがはっきりしているわけですけども、今、二十歳過ぎたって二十五過ぎたって、「セックスしていいよ」、なんてことは、社会は言わないわけですよ。

気の利いたのはどんどん結婚するかもしれないけども、乗り遅れると今三十代後半の男性なんて、結婚したいけど、相手が結婚してくれない人がごまんといる。昔はそりゃ結婚ができない人がたくさんいたかもしれないけど、みんなそうだったからいいんですよ。今の、「結婚したい人は結婚していい」っていう世の中で、結婚できないっていうのは、これは辛いですよ。

だから職業に就くにしても、結婚するにしても、相当努力しないと、それが手に入らない。これは大変ですよ。趣味にしたって、そうですよ。昔に比べていろんな面で、どんどんどん進歩しちゃうから、「趣味を一つもとう」というだけで金かかるしね。「もう働くのもいい、結婚もいい、俺は趣味だけで生きるんだ」と思ったって、収入がなければ趣味もできない、という時代なわけですよ。

だから若者が社会の一人前として認知されるためにはね、昔とは比べ物にならない高い能力をつけなければならない。そのためには我慢をしなきゃいけない。衝動をコントロールできるようにならなければいけない、そういった問題があるわけですよ。

個の確立を必要とする現代社会

今日は副題で、「『長いものには巻かれろ』から『個の確立』を必要とする社会へ」というふうに書いておきましたけれども、昔は、ムラの長とその周りの何人かがいて、その人たちが物事を決めて、その通りにやっていれば、それで食っていけるし、助けてもらえるし、それなりの楽しみを得られる社会だったわけです。だけど、今は、国が定めている人がしてはならないこと、刑法に触れないことさえしなければ生きていけるかと言えば、生きていけないです。個が確立していなければいけない。「個が確立する」ということは何か、一言で言ってしまうとね、どこでも誰とでも協力しながら生きていけることなんですよ。

昔は、同じムラで生まれ育ち、死んでいったわけでしょ。だから「どこでも、誰とでも生きてる」わけではないんですよ。ところが今や転勤とかがありますから、今日まで日本だけど、明日からアフリカよとか、明日からアジアよとか、明日からヨーロッパよとか、明日からアメリカよっていうことでしょ。そうすると新しい職場には知っている人なんていやしないんですよ。公立の学校の先生だって、まぁ、せいぜい数年単位でしか一つの学校にいないでしょ。どんどん回っていくでしょ。大企業の人たちもそうですよ。だから自分っていうのをしっかりもたないと生きていけない。

じゃあ、自分をしっかりもつというのが何かっていうと、「自分の人生の、大きな目標をもっている」ということが大切ですよ。「こういう人生を自分は作るんだ」というはっきりした目的意識が必要なわけですよね。

それに加えて、「自分が表現できる」こと。自己主張も、相手と意見が違う時に、相手の意見を聞きながら、自分の意見を相手に伝えるという、この作業が必要なわけですよ。ときには、議論も必要。がなり声を立てて、怒鳴りあってケンカするのも議論のうちですが、同じ議論をするんだったらば、あんまり声が枯れない方法で議論した方が、利口だと思いますけども。議論ができるということも非常に重要なことです。

昔のムラでは、こんなのいりやしません。自分を表現するということも必要ない。以心伝心でなんでもできてしまう。そのくらい単純だった。自分の意見を主張するだけではなくて、相手の意見と折り合いをつける、妥結する。そういった事柄のできる心を育み、もつことが、現代人として非常に重要なことですね。

個の確立というのは、「これが出来上がっていると、夫婦関係結構うまくいくじゃん」と思いませんか？　大体意見の対立から、夫婦関係っていうのは円滑でなくなっていくし、そこで妥結できないっていうところで非常に問題が山積するわけです。

多分ですよ、昔のムラの夫婦には、夫婦愛なんてありはしなかったと私は思ってます。そんなものがあったらば、結婚できない人がものすごいひがんじゃって、ムラが成り立たなかっただろうと僕は思うんですね。夫婦っていうのは名ばかりのもので、共通の子どもはできたかもしれないけども、心理的な意味での愛情関係というものは、あったはずがないですよ。

武士の世界を考えてみるともっとよくわかる。大体女の人は嫁いだ夫に忠誠を誓っているわけではなくて、嫁いでもなお、自分の父親の意に従って動いていたわけでしょ。夫婦愛とかっていうものはですね、現代にして初めて人類が享受できるようになった最高の特権ですよ。これは、与えてもらうものではなくて、自分が獲得するもの。今の子どもの個の確立を目指す養育のゴールというのは、結婚してうまくやっていける男、女を作るっていうことですよ。

女性の、一生の間で何人の子どもを産むかという平均の数字がありますね、再生産率[注3]っていうんですか。先進国で、女性の再生産率が２以下の国は、日本とドイツだけです。今、イギリスも、アメリカも、北欧も２点いくつ。つまり、結婚をして、人生を全うしていくことを、子どもに伝えてやってもいいんだなって思えている人が、アメリカ、イギリス、北欧は多い。日本、ドイツは、そうはいうけどしんどすぎるという人が多いと思います。日本は１・３いくつでしょ、今。

これは精神保健だけではなく、もっと社会全体が構造的に変化をして、みんな結婚しながら、子どもを育てながら、「幸せだな」と思える社会づくりを目指していかねばならないということなんですね。だから我が子がちょっと問題をもっているくらいで、自分を責めたりせずに、「ここから先どうやって我が子が、もう一回張り切って、立派な、自分を誇ることのできる自分になっていこうかという、手伝いをするための場である」というふうにお考えください。私の話はここまでにしたいと思います。

注３　再生産率：ここで言う再生産率は、合計特殊出生率のことであり、１人の女性が生涯に産む平均子ども数を言う。合計特殊出生率が２である場合、人口がほぼ維持されることになる。本文中の数値や各国の状況は、一九九八年当時のものである。なお、二〇一六年の合計特殊出生率は、日本１・44、ドイツ１・59、イギリス１・79、アメリカ１・82、およびスウェーデン１・85である。

第❷講　現代の中学生・高校生の悩み

1　中学生の悩み――自分について

身体の変化と悩み

現代中学生、高校生の悩みについて、お話したいと思います。

中学生の悩みっていうのは、一人ひとりによって、もちろん違いはありますけど、よーく考えてみると、みんな似たり寄ったり、同じようなことで悩んでいます。その悩みを、自分自身で解決できる、あるいは、同性の友だちとの間で解決できるという場合には、比較的スムーズに子どもは育っていきます。中学時代は終わります。

同性の仲間との間で、悩み事が解決しない場合には、親との間だけで問題が解決するということはあまり多くないです。それで、専門家の所に行かないとうまくない、という事態になってしまいます。

それはなぜかっていうことについてお話ししますけども、思春期がはじまりますと、急に身体が男らしく、女らしくなってきますね。だからいやおうなしに、自分の身体が男や女らしくなっていくことで、「自分がこれから先どうやって生きていくんだ」っていうことを自分自身考えちゃう。考えるまでもなく、感じちゃうわけですよ。

小学校までの間はお母さんに比べて娘はやっぱり醜いアヒルの子だし、男の子だってお父さんに比べてちっぽけな、安っぽい、力のない小さな子どもだった、その僕が、急激に大人になっていくわけですね。

だから、すごく大きな夢を自分の身体にかけることができる。だけど、場合によっては、本当は心配しないでも良いほどのことで、「自分の身体、こんな自分じゃとてもじゃないけども、誰からも相手にされないんじゃないか」とか、本当はかわいい顔しているのに、「こんなブスでは、誰も相手にしてくれないんじゃないか」というようなことを、余計な心配として、もったりします。

それと、セックスに関する興味だとか、心配事、悩み事については、親との間では相談しにくいんです。なぜかっていうと、親自身は、自分のセックスに関しては子どもに話をしていないでしょう。「お母さん、赤ちゃんどうやって生まれるの」って、子どもが、幼い時に問いかけてきたときに、「あーそれはね、こういうふうにするのよ」って本当のことを教えるお母さんはいないですよね。お父さんもいないですよね。テレビや映画でちょっと性的に刺激の強い場面が出てくれば、「あ、（外で）鳥が飛んでる」とか、今だったら、急にちょちょっとチャンネルを変えちゃうとかね。

ということで、そういうのは、家族間の間ではなるべく隠しておく、ということを、親が、自分の態度を通して、子どもに示していくんですね。

それで、親のそっくりさんとして育ってくる子どもは、思春期になって、自分がセックスに興味をもつようになれば、「そのことについては親には言わない」っていうことになっていくんですよ。性に関して、興味が出てきたり、心配事が出てきたときに、親にそのままストレートに相談するってことができない。それが普通なんです。

中学時代の仲間の重要さ

それじゃ、中学生は一体誰と相談したらいいんだ、その興味を分かち合って喜んだりすることは、っていうと同性の仲間です。男の子は男の子同士、女の子は女の子同士ですね。そういう意味でも、仲間を必要とするという心の動きといったものは、小学校時代にはないわけですよ。

小学校時代には、別に性的な興味があるっていったって、自分の身体が、大人としての性的な衝動をもっているわけじゃありませんから、困ったことは何でも親に相談ができるし、仲間割れも簡単にできるわけです。「お前間違ってる」と。小学生であれば、「俺が正しい、なぜかって言えば、俺の母ちゃん美人だ、お前の母ちゃんブス、だから俺の言っていることは正しい」とかね。「私の言っていることは正しい、なぜかっていえば、私のお母さんは、素敵で優しいけど、あんたのお母さんは意地が悪い、だから、私の言っていることが正しいんだ」。これで、ケンカ別れができちゃうわけですよ。

実際に、小学生の子どもたちは、仲間割れをすることで、大きく悩む必要はないんですよ。ところが、思春期になって、女の子であれば小学校高学年くらい、男の子であれば中学生になってから、同性の仲間ってものが大事になってくると、そんなことで簡単に、仲間割れができなくなってくる。お互いに約束事を守ったり、お互いに尊重し合ったりして、仲間の中で自分のセックスに関する、興味や悩み事を共有するという事態が、男の子にも女の子にも発生するわけですよ。この仲間から外れるということは非常に怖いわけです。

なぜかといえば、自分がみんなと同じように育っているかどうかのチェックができなくなる。「これで自分は一人前になっていけるのかどうか」がわからない、ということになってしまうんですね、親が「大丈夫よ」と言ったところで、それが、本当かどうかはわからないわけです。だから、中学生になってきますと、仲間関係というのは非常に重要になります。

仲間関係をもてなくなるその理由は、みんなから拒絶されてしまって、仲間から落ちこぼれてしまう子どもにも問題はあるし、仲間の側にももちろん問題があるわけですけど、どっちにしても、その仲間から相手にされなくなってしまう。

そうなると授業中はまだいいいんですよ。休み時間、みんな仲良いもの同士がわいわいがやがやっている中、自分一人がポツンとしている。休み時間はまだましで、最悪なのは昼休み時間ですよ。長いでしょう。仲良いもの同士が集まって、お弁当一緒に食べるとか、給食一緒に食べるとかそういったことが起こりますから、その中に入れないってことは、本当に自分が、仲間から疎外されてしまって、一人ぼっち、辛いものになるわけですよね。

そういう子どもは、昼休み時間、図書室をぶらつくか、保健室に入りびたるか、どっちかしか救いの場はないわけですよ。保健室に行けば、養護の先生がいて、その養護の先生によっては、そういうことについていろいろ話を聞いて、それでその子どもに知恵をつけて、子どもがもう一回仲間に入っていけるように助けてくれる先生はたくさんいます。でも、運悪くそういう援助がなかったり、あってもとにかくグループに戻れなかったということになると、もう学校行くのが辛いという話になって、不登校が始まります。これは、例外なくそうです。

2　中学生の悩み――親子関係・友人関係について

仲間関係を介して親に自己主張を開始

昔、幼稚園の頃、「世界で一番きれいなのはお母さん、一番優しいのはお母さん、一番頼りになるのはお父さん」というふうに、幼い子どもは、親に恋をするというか、惚れ込んでいるわけですよね。思春期になって同性の親しい仲間ができると、その仲間の誰かについて、そういう憧れの気持ちを抱くようになります。

自分が、「良いなあいつは」とか、「あの人素敵だな」とか思っている、その子どもの影響を受けるようになります。そこで、自分の家の中にある価値観とは違う、よその家の価値観が子どもの心の中に入り込みますから、そこで親子の衝突も起こります。

女の子の中学二年の時代っていうのは非常に大変みたいですね。母親に対して、いろいろ、反抗的なことをする。言うことを聞かない。そういう傾向が一番強いのが中学二年生だと思います。

仲間が思春期になってできると、たとえば中学三年間変わらない本当に親しい仲間と、ちょこちょこっと一時的に親しくなる仲間と分かれてきますけれども、そういう仲間と付き合ってる間には、仲間が正しいとか、当たり前だと思っていることを親にぶつけていきます。親との間で次第に、子ども側からの自己主張が現れてきて、親から見ると「とんでもない！」と思うような事柄も出てくるわけで、そこで、衝突が生じやすいわけですよ。

子どもが、そういう衝突を親にしてきた場合に、片親だけでそれに対抗することはできません。たとえば男の子がいきなり父親にぶつかっていくってことはありませんけど、まずは母親にぶつかりますよね。男の子が本気で母親にぶつかりだしたら、もう中学校、思春期になって、身体が大きくなってくれば、母親じゃかないません。

女の子にしても、女の子が母親に憎たらしいことを言いだすようになりますとね、女の子の方はこれから自分がどんどん美しくなっていくわけですよ。母親の方はもう、峠をそろそろ超えて老いの道を歩み始めるわけで、肌のつや一つをとっても、とてもじゃないけどかなわないわけですよ。それで、母親らしい気持ちを維持して、余裕をもってゆったりと「ああだよ、こうだよ」って言い諭すというようなことが、非常に難しいわけですよ。

母親は「醜いお母さん」に成り下がっちゃって、それで、すごい言い争い、あるいは、身体的な取っ組み合いといったことになってしまうわけですね。そうなってしまったら、親としての機能を保つ、発揮するってことができないわけですよ。中学校一年生とか二年生とか三年生のレベルに下がって、ただただケンカするってだけのことになっちゃうんですよ。それが、いろんなことがらを中心に、同じケンカの繰り返しといったことになってしまうんですね。

その時に、どうしてももう片っぽの伴侶がお出ましする必要があるわけです。

子どもへの対応は夫婦一枚岩で

お父さんとお母さんは、夫婦仲は悪くてもいいんですよ。悪くてもいいんですけど、親としては、父親、母親としては手をつないで、一枚岩になって、攻撃を加えてくる子どもに対して対処する、ということが絶対的に必要ですよ。

お小遣いの増額、門限、着る洋服、買う本から、仲間づきあい、いろんなところで、衝突が起こる。その一つひとつに対して、両親が手をつないで、子どもに対応するっていう、この形態をとってください。これをすれば、子どもに、両親ともに一つの意見で本気で自分に言ってきているなってことが伝わります。

それは、どんなに反抗的な態度をとっている子どもでも、耳に入ります。かつては世界で一番素敵なお母さん、一番力があって、一番頼りになるお父さんの子どもだったんだから、そのお父さんとお母さんが一枚岩になって何かメッセージを出せば、それはやっぱり伝わるんですよ。

やってはいけないこと、それは伴侶の悪口を子どもにいうこと。それをやっちゃうと悪口を言っている親のことさえも本当のところでは信用できなくなっちゃうんですよ。今までに悪口を言っていたとしても、それはいいですよ。これからね、これから。（参加者：できるかな（笑））できますよ。

夫婦ゲンカと子育てとは、別個のものだと切り離して考えてください。夫婦ゲンカは夫婦ゲンカでやっていいですよ。でも、子どもを育てるってのは、夫婦ゲンカをしてはできない。子どもを育てるところでは、夫婦ゲンカはとにかく棚にあげとく。それとは切り離して子どもを育ててください。「お父さんのようになっちゃダメよ」とか（言う）、「お前のお袋みたいな悪い女になるんじゃないよ」とか夫に言わせてはいけない。少なくとも、両親が自分のために親として手をつないでいるその姿を見れば、自分も「男であって悪くないかな」、「女であって悪くないかな」って気持ちをもちやすいんです。

自分のために手をつないで、子どものために何かをしているその親の姿を見れば、それは、子どもにとっては、自分も男として、女として、将来自分が自然に抱いている異性への興味を「満足させてもいいのかな」っていう気持ちをもちやすい。だから、将来に対する夢を描きやすくなる。それがないと、「結婚して子どもを産んだところで、どうせ産み落とすだけで、ちっともいいことないわ」ということになってしまうから、将来に向かっての自分の夢は描きにくいわけですよ。

これは非常に大きなポイントですから、覚えておいてくださいね。

「あなたには、私みたいになってもらいたくないわ」

それから、たとえばですよ、万が一、「お母さんみたいに、ちっとも結婚しても幸せじゃなくて、ブヨブヨ太っちゃって、醜い女になっちゃって、私そんな女になんかなりたくないわ、だから、あんたになんか、勉強しろとか何々しろとか言われたくないわ」っていうような、ひどいこと言う娘さん、たくさんいますよ。そう言われたらですね、こう言えばいいんです。「あなたには、私みたいになってもらいたくないわ」って言えばいいんですよ。

すると、親としては子どもの幸せを願っているというメッセージを伝え返すってことになるでしょ。と同時に「自分の人生、親の人生と子どもの人生とは、別々のものなのよ」と、「たった一人あたしという例を見て世の中の女の人が全部そうだと思うなよ、あなたはあなたの人生を自分で作っていけるのよ」っていうことを伝える。つまり、親離れ、子離れを促進させる返し方になるわけですね。

今いったような攻撃を子どもから受けた時に、「あぁそうか、そう言われるともう返す言葉がないな」って「くにゃっ」てなってしまうとね、そうすると自分の生きてきたことを否定しちゃうでしょう。自分が、三十年なり四十年なり生きてきたその全てを否定するような人生なんてありっこない。自分で是認していい、肯定していい自分の部分はお母さんの中にたくさんあるはずですよ。お父さんの中にたくさんあるはずですよ。

その時に、子どもが責めてきた時に「くにゃっ」となって、あなたの言うとおりだわっていうような感じで親が落ち込んじゃうと、そうすると子どもはもう、お先真っ暗になります。

だから、息子から攻撃を受けても、娘から攻撃を受けても、「あなたの目にあたしはそういうふうに映るかもしれないけども、あたしはあなたがそういうふうになってほしくないわ」っていえばそれでいいんですよ。それで、ケロッとしていれば、子どもは、「あ、何だ母ちゃんはなかなか生きてて幸せに思っているとこあるんじゃん、人生ってやっぱり捨てたもんじゃないんだな」ってことがわかる。

3　高校生の悩み——自分について

夢を現実的なものに置き換える

それから、高校生になりますと、身体的な成熟の速度が急に落ちてきます。女の子の場合は、高校生になると身長が一センチも伸びない、という子はたくさんいるわけです。

ですから、自分の体つきについての願いを、いつまでも長い間かけていて、「自分は将来俳優になる」とか「アイドルになる」といった夢を、ずっともち続けることは難しくなります。自分の容貌に関して、「この程度で手を打たないとしょうがないな」、「この身体やこの顔と一生仲良く自分は付き合ってかなきゃならんのだ」という想いを必ずもつようになります。

そうなると中学時代には、首のまわりがでっかく空いた洋服を着て親を嫌がらせていた娘も、しょっちゅう鏡をのぞき込んで髪の毛ばっかりいじっていた男の子も、そういう親をイライラさせるような行動はしなくなってきます。

だから、そういうことで中学時代に、いちいち目くじらを、親は立てる必要はないんです。ほっとけば、だいたいそういうことは収まってきますから。せいぜい続いて二、三年ですよ。それが終われば、もう少し、現実的な自分と現実的な社会とを見比べて、社会的な存在としての自分はこうありたいというような夢に、夢を置き換えてきますから。

十人並みの自分の容貌で、世界一美しい女の子になれるっていう夢を高校時代ずっともち続けられる子って、いやしませんから。「ここさえ、もうちょっと何とかなったらよかったのにな」ってことが、みんなあるわけですよ。そうなったならば、自分の容姿にばっかり夢うつつでいられなくなるわけですよ。

でも、どこかで夢をもってなければ、先に進んでゆけませんから。だからそうすると、「自分はどういう職業に就くのか」とか、「お母さんは専業主婦なんだけど私も専業主婦でいくのか」とか、「世の中、女性も社会参加だということがあるし、クラスでもそういう話があるし、私もやっぱり職業をもちながら子どもを産むのかしら」とかね。「私はとりあえずは結婚なんて考えたくもないわ」とかね。いろんな形で自分の将来の夢っていうものを変えていきます。それが、職業の選択につながるわけですし、そういう方向性が出てくるところで、だんだんに自然に進路の選択というのも定まってくるわけです。

「何者かになれるのか」の悩みと仲間

そこで、普通子どもが悩むのは、「親のような何者かになれるだろうか」ということです。どんなに親のことの悪口を言っている子どもも、親のことは内心「やっぱり偉いな」とか、「偉大だ」とか思っているわけですよ。生まれた時には第一、寝返りひとつできないんですから。幼稚園のこんな小さい時には、「お母さんって綺麗だな」とかね、「優しくて大好きだ」って思ってたでしょ、だからね、親の存在ってやっぱ大きいわけですよ。その気持ちが、「うるせぇな、てめぇは」とか、「お母さん黙っててよ」とかって、暴れる中学時代になっても、高校時代でも、どこかにそれは残っているんですよ。全然なくなっているわけじゃない。

記憶としてそれが本当になくなったら、認知症ですから。そういう記憶が完全になくなってしまったらば、認知症です。つまり、お年寄りで右も左もわからなくなる。そういう時になったら忘れちゃうかもしれないけれども、中学生、高校生は、「自分の親は偉大だ」っていう気持ちがどっかに残ってますよ。そういう親と同じような何者かに「自分は果たしてなれるだろうか、なれないんじゃないか」っていう心配をしてますよ。

それから、あともう一つは、「ああいう親にはなりたくない」というのはあります。この二つの悩みは、だいたい誰もがもってますよ。

こういう悩み事に対して、親は、細かな相談に乗れるかっていうと乗れません。「あなたが思っているほどあたしは、そんな偉大な母親でもなんでもないわよ」って言っても、「気休めいうんじゃない、バカ野郎」って言われるのが落ちなんですよ。それから、「何者かになれないって心配するなら、勉強すればいいじゃない」とかいえば、「うるせぇな、この野郎」で終わっちゃうんですよ。だから、この種の悩み事の解決は、手っ取り早いところは、仲間なんですね。一緒に気晴らしをして、「またやるか」と。家に帰ってきて、少しは勉強すると。

だから、同性の仲間との関係がそこそこにもてていれば、そういう波があっても、子どもはそんなに折れることなくやっていけるんですけど、その仲間関係がとん挫してしまうと、折れちゃうわけですよ。

じゃあ、その時はどうするのかっていうと、一つは、運が良ければ学校の先生が力になってくれる。あるいはおじさんだとかおばさん。あんまり近いおじさん、おばさんはダメですけどね。「こりゃ、親が言いたいことを代わりに親が言わしているな」とか思っちゃったら、もうおじさんの言うことは、親の言うことと同じになっちゃって、言うこと聞かなくなっちゃいますから。

最近では、精神科でもサイコロジスト（心理臨床家）がカウンセリングするとか精神療法するとかっていうことになるわけですよね。それから、後、教会の神父様に助けられる子ども達はたくさんいますよ。それから、最近は少なくなってきていますけども、家の家業をどうするかっていうような葛藤が、昔に比べれば少なくなってきてますが、それでも、まだまだありますね。

4　高校生の悩み――親子関係・友人関係

夫婦仲直りの機会でもある高校時代

親子関係に関しては、親の手から離れる部分っていうのは、どんどんどんどん多くなります。親は、子どもが高校時代になってくれば自分の老後について考え始めますよ。これは、夫婦仲をもう一回いいものに作り直すいい機会ですよ。

自分たちが愛し合った結果生まれてきた子どもが、なんか途中で、ぶらぶらして脇道に逸れちゃって、そこから先、どうやって一人前の大人に向かっていくかってところで困っている時に、それまでの十何年間、「もうこの人のことは許せない」、「この女許したくない」とかっていうようなお父さんとかお母さんの気持ちを、とりあえずは棚に上げて、子どものために親としてどうやってお互いに協力しようかというところで、話し合いを始める。すると、やっぱりもともとは仲が悪くないところがたくさんあって、結婚しているお二人だから、それがきっかけでよりが戻っていくっていうことが、しばしばあります。

「親を超える」こと

親にとって、子どもが高校時代に辛いことは、子どもはどうしても「親を超える」っていう、発達の力の上に乗っかっているんですね。それで、「親としての価値」っていうのが、だんだんだんだん、子どもにとってみると低下してくるわけです。だから、親としての生き甲斐っていうのが、だんだん少なくなってくるんです。これが親にとっては辛いんですよ。だから、今まで生き甲斐とか、生きる喜びであった子育てが、そういうものでなくなってくる。

そうなっていく一歩手前でわが子が今困っている、子どもさんが中学や高校で学校に行かないとか、あるいはその他のいろんな問題があって困っているといった場合は、親として子どもになにかしてやる最後のチャンスですよ。これが解決しちゃったら、親は子どもから放り出される。それでいいんですよね。だから、そこから先の自分の老後はどうやっていくのか、「この伴侶と一緒にやっていくのか、あるいは親しい自分の友だちとやっていくのか、離婚して自分なりにやっていくのか」とか、いろんな選択肢が、現実にはあるわけです。

同性の親、異性の親の役割

それから、高校時代になってくると、同性の親の役割と異性の親の役割が、中学時代よりももっとはっきり区別できるようになります。それは、たとえば娘に関しては、「異性の目から見て君はどうだ、こうだ」って言えるのは父親なんですよ。「同性の目から見てあなたこうよ、ああよ」って言えるのは、母親なんですよ。もう高校時代になれば、大人も子どもも同じですからね。

やっぱり「自分」ってことを考える時に、子どもにとっても自分のセックス、性別といったものは、無視できない。子どもにとって、男、女を抜きにして、自分を考えることはできませんよ。

私はもうできますよ、枯れてきてますから。別に、美しい女の人がそばに来たからって、感動する身体がもうなくなってきてますからね。だから、男、女なんてなくたっていいんですよ、別に。でもね、それは、おじいちゃん、おばあちゃんになっていく過程で初めてそうなるだけの話で、十六、七の男の子や女の子にとって、男、女なしの人間なんて考えられないですよ。

5　セックスについて

それからじゃあ、実際に「セックス」について、どうなんだっていうとね、願わくは、私は自分の子であったら、高校時代はセックスは知ってほしくない。なぜかっていうと、あれは麻薬のようなもので、いったん知ってしまったら、それなしで毎日を過ごすってことが非常に難しくなっちゃう。高校生にとって、そっちにばかりエネルギーが注がれちゃうと肝心要の進路の選択だとか、職業の選択といったところで、かなりの妥協をしないといけなくなっちゃうわけですよ。だから、本人のもっている可能性を十分に花開かせる大人になってもらうためには、今の時代、高校時代はセックスはしてほしくない。それが本当のところです。ただ、いったんそっちの方にいってしまった子どもさんの場合、それを止めろっていうのは、ほとんど不可能です。

ちょっと予定の時間が伸びてしまいましたけども、ここで私の話を終わりにさせてもらいます。

第3講　思春期の発達と親子関係
――親に望まれること

1　現代社会の求める大人像と猶予期間（精神社会的モラトリアム）注4

現代社会での「大人」とは

今日は、思春期の発達と親子関係、親としてどんなことが望まれるかということについて、お話ししたいと思います。

現代社会での大人っていうのと、昔の、ムラ社会での大人のありようっていうのは、ずいぶん違うっていう話を一番最初でしました。

「現代社会における大人とは一体何なんだ」ということなんですが、それは「子ども、または、それに相当する人などを育てることで自分もさらに成熟していける、発達することができるようになること」が「大人である」ということなんだ、というように一般には考えられています。

これは易しいようでいて、結構難しいんですよね。つまり、親としての役割っていうのは、子どもに「もらう」ことよりも親として「与える」ことの方が、ずーっと多い仕事ですから。

私たちみんな、大人になって、人からもらうのは嬉しいけど、人にあげるのは、なかなか難しいでしょ。だから親の仕事っていうのは、大変なわけですよ。それで、その仕事ができるようになることをもって、子どもは大人になったというふうにみなしましょうということなんですね。

ですから、「一人前に、社会で仕事ができるようなったから大人か」っていうのはそうとも限らない。そういう意味での大人になる前には、「職業の選択」とか、「愛情対象の選択」という仕事がある。別に必ず誰もがみんな結婚しなければならないというわけではないから、「結婚はしない」というのも「愛情対象の選択」のうちに入ると思いますけども、そういった仕事が若者にはあるわけです。

それで、親として子どもが大人になることに対して、どこまで責任があるのかってことなんですけれども、それは「子どもが職業を選択できるようになるところまで」、だと思いますね。実際にその選択をするのは、親ではなくて、子どもなわけですよ。子ども自身が自分の一生の仕事を選ぶ。子ど

注４　精神社会的モラトリアム：エリク・H・エリクソンが提唱した言葉で、通常、心理社会的猶予期間と訳される。子ども時代から大人時代に移行する準備期間である。

もが、自分の一生の仕事を「これだ」って決められるようになるところまでが親の責任になるわけです。

ですから、愛情対象の選択だとかっていうことになると、もう親としては口出し無用だ、ということですよね。最終的に決めるのは、子ども自身ですが、「世の中にはどういう男性がいる」とか、「どういう女性がいる」とかということを、思春期の間に知恵づけておいて、なにかの参考にしてもらうっていうのは、悪いことではないと思いますね。

猶予期間――精神社会的モラトリアム

昔と違って、現代は、不景気とはいえ、物質的には豊かな社会でして、そのために、若者が働き出すまでの間、「猶予期間」が与えられるわけですね。また別の言葉でいえば、子どもが大人になるまでに、それだけ長い時間を必要とするようになってきているわけですね。

この猶予期間の間、学校に必ずしも行ってなくたっていいわけですよ。一年学校に行かないとか、二年学校に行かない、ということで一生が大きく左右されるか、というと、そんなもんじゃないですよね。学校にも行かないし、自分の将来について何の選択もしないままに二十五歳を過ぎて、まだなんにもしない、動き出さないとなると、これは一生に関して、影響が出てくるわけですけども、十代の終わりに一年や二年や三年、何もしないからといって、それで、その子どもの一生が大きく左右されることは少ないですよ、実際には。

それから、「猶予期間をいかに子どもに過ごしてもらうか」ということがとても大切だと思います。

だいたい「学校に行かない」とかっていう問題、あるいは、職業に就けるのに、それを止めてしまって卒業を見送るとか、そういう問題が起きた時に、親御さんが深刻になられるのは普通ですけれども、多くの場合は、楽観的に見ていた方がいいと思います。この時期に問題として生じるものを、多くは楽観的に見ていて大丈夫です。

一部、たとえば統合失調症であるとか、病気によって学校に行けなくなるとか、職業の選択ができないとか、実際に働けないとか、っていう問題が起きる場合には、これはかなり深刻な問題なんですけども、「そういう問題なんだ」っていうことがわかるまでの間は、楽観的にいた方が子どものためになると思います。

「万が一、この子が、統合失調症になったらどうしよう」とか、そんな心配をしながら、親が毎日暮らしていれば、子どもは、やっぱり自分に自信がもてないですよ。だから、「勇気をもって、自分の将来を決断するんだ」って時に、親の余計な心配っていうのは子どもの足を引っ張るものになりますから、本当に「これは一生をかけて闘っていかなければならない病気なんだ」とはっきりするまでは、疑いをかけてもしょうがないというふうに私は思っています。

ですから、こういう猶予期間、「精神社会的モラトリアム」と言いますけど、その猶予期間にある子どもさんをおもちの親御さんは、決して焦ったりせずに、しかし、子どもさんがどんなことで、迷っているかとか、どんなことで心の悩みと闘っているか、というようなことを、避けずにしっかりと見据えて、親として、「じゃあ、子どもは、この猶予期間をどういうふうに過ごせばいいか」ということについて十分配慮してあげる、ということが大切だと思います。

子どもさんにしてみれば、青年期から大人になっていく期間に、自分が本当に納得のできる生き方を選ばない限りは、幸せじゃありませんから。親がいくら納得しても、子ども自身が納得のしない選択はダメなわけですよ。

だから、子どもさんと話をする時には、「あなたの一生はあなたが決めるのよ」と。「あなたの一生の価値は、あなたがお墓に入る前に決めるのよ」、ということを思っててください。そういうふうに伝えてもいいですけどね。

猶予期間に使える就労に関する社会資源[注5]**（一九九八年当時の内容）**

それから、この猶予期間に、子どもさんが使うことのできる社会資源がいくつもあります。簡単にご紹介しておきますけども、子どもさんの職業適性検査をする場所が、都の施設としてもありますし、労働省の関連施設としてもあります。

サンシャインビルの中に、正式の名前は、長いお役所言葉なんで覚えていないんですが、お知りになりたい方は、後で、正式名を教えるようにということをご自由に言っていただきたいんですけども、通称「職業リハビリテーションセンター」って言われる労働省関連の施設が、あります。ここにいけば、非常に細かな適性検査をしてくれます。それに基づいた職業訓練校への紹介なんかもあります。同様に、東京都としての施設で、そういう職業適性検査をしてくれる場所もあります。

子どもさんが、何らかの、自分の一生かけてもいいやと思える仕事を見つけたいという気持ちがはっきりしているのであれば、そういう所に行かれて、適性検査を受けられるのは悪いことではないと思います。

学校への再入学、大検[注6]

それから、多くの子どもが選ぶものとして、学校への再入学、あるいは、大検を受けて、大学に入る子どもさんもたくさんいます。

中学時代から学校に行ってないというような子どもさんにとって、大検を受けるいうのは、すっごく高いハードルに感じられるわけですよ。だけども、実際の所大検はそんなに難しいもんじゃありませんから、それこそ本気になってコツコツとやれば、だいたい受かります。その気になって大検受からなかったたって子は私、一人も知りません。その気になっている子はみんな受かります。

大検を受けるための学校もあります。ただですね、大検を受ける場合にそういう学校に行かせるのが良いかどうかっていうのは、慎重に考えた方がいいかなあと、私は思っているんです。

注5　就労に関する社会資源：現在は各地域に、わかもの（ヤング）ハローワーク、若者サポートステーション（サポステ）や障害者就業・生活支援センターがある。

注6　大検：大学入学資格検定のことで、現在は高等学校卒業程度認定試験（高卒認定試験）と呼ばれる。

というのは、「大検受けるんだ」ってことを口実にしていて、遊んじゃっている子どもたちがたくさんいるんですよ。たまに、大検の予備校のようなところに顔を出すんだけども、何のために顔を出すかっていうと、勉強するためじゃなくて、「おい、どっか遊びに行こうよ」っていう仲間を集めるために、何年もそこでとどまっている子どもたちも、実際にはいます。そういう中で真面目に学校に通いながら受けて、受かっている子もいますけども、誘惑に負けてしまう子どもさんもたくさんいるわけですよね。

だから、子どもさんによっては、そういうところのテキストブックなりをもらって、家庭教師をつけちゃって、大検受けちゃった方が早いという場合もあると思います。

それから、一般の予備校にも大検コースがあります。

精神発達評価・精神科診断・心理検査の利用

そういうふうに、自分のこれから進むべき道を、悪戦苦闘しながら見つけられる場合はいいんです。たとえば、アルバイトをやったり、オートバイを乗り回してみたり、いろいろやった結果、最終的に「やっぱり自分は大学じゃなきゃダメだ」と思って、大検を受けるような気持ちになるってところまで自分でたどり着くことができる。そういう場合にはそれでいいんですけども、なかなかそこのところが、自分では切り開いてはいけないっていう場合には、精神発達評価だとか、精神科の診断だとか心理検査を利用して、それで、専門家の助言を受けられるってことも悪い選択ではないと思います。

精神科治療（薬物療法[注7]**、個人精神療法**[注8]**、集団療法**[注9]**、家族療法**[注10]**、親ガイダンス**[注11]**）**

それから時には、はっきりした病気というわけじゃないんだけども、心になかなか言葉にできない悩みがあって、いつまでたってもグダグダしているような場合には、そういう診断だとか評価を受けるだけでなくて、とっとと治療を受けちゃうのも一つの手になります。どんなものがあるかっていうと、薬物療法がありますよね。精神安定剤を飲むとか。

注7　向精神薬（抗うつ薬、抗精神病薬、中枢神経刺激薬、抗不安薬、抗てんかん薬、その他）を使った身体的治療である。

注8　患者（クライエント）と治療者が、1対1の構造で行う精神療法。精神療法とは、「心についての心理的な治療の全体を示す言葉。医療現場で精神医学や臨床心理学の専門的な訓練を受けた治療者が行うものを総称して『精神療法』と呼ぶが、日本ではこれ以外に『心理療法』『サイコセラピー』といった呼び方がある。後者らは主に心理学者たちが行う心の治療という意味で使われることが多い。」（文献：『精神分析事典』編集代表小此木啓吾、岩崎学術出版社、東京、二〇〇二年）

注9　複数の患者（クライエント）と一人または複数の治療者で行われる精神（心理）療法である。集団の場で、「一人ひとりの患者が相互の話し合いを通して自らの病気、そのもとになっている性格傾向、考え方、生き方などに洞察を得る過程」が生じる。（文献：『精神分析事典』編集代表小此木啓吾、岩崎学術出版社、東京、二〇〇二年）

注10　家族療法↓93ページ注参照

注11　親ガイダンス↓93ページ注参照

私自身の好みとしては、子どもさんに薬はなるべく出したいとは思ってません。薬を飲みながら大人になると、やっぱりなんとなく「自分は松葉杖をつきながら大人になった」という気持ちが残っちゃうんで。「自分はいっぱしだ」っていうふうに思いづらくなっちゃう。それはかわいそうですね。

大人になる時に、一時的に不安になったり、取り乱したりするのは、むしろ当たり前のことですよ。今の社会で大人になっていくことは非常に、大変なことですからね、ハードルが高くて。だからできるだけ薬は使わない方が、私はいいと思っていますけど、時には薬を使った方が早いという場合もあります。

それから、個人の精神療法なり、心理療法を受けるとか。集団療法を受けるとか、家族療法があるとか、親ガイダンスとか。ここでグループでやっているのは、グループの親ガイダンスになるわけですけども。まあ、そういういろいろな方法があります。

一人ひとりによりますけれども、こういう精神科関連の、何らかの治療を受けられて、大人になっていくという人はいます。たくさんいます。

親御さんの中には、「精神科医が何をするのか」ってことがよくわかってない人もいて。精神科医なんていうのは、昔は、松沢病院[注12]なんて、この辺に住んでいた人にしてみると、すごい怖い場所でね。子どもがなかなかいうことを聞かなかったりすると、「あなたは松沢病院に入れるわよ」っていう脅かしを聞かせるようなお母さんがいたとか、いなかったとかいう噂も聞きますけども。

そういうふうに、精神科っていうと、ちょっと偏見がありますよね。だから、子どもを精神科に受診させるのは、「ちょっと、何かな」っていう躊躇が起きるもんですよ、親御さんの中には。

確かに精神科医の中には、おかしい人もいます。私もおかしい口かもしれませんけども。でも、普通、精神科医といえば、特に子どもの発達を専門にしている精神科医であれば、そんなに変なことをするわけじゃないですから、親御さんだけで悩んでるということばかりでいるよりはいいんじゃないか。ただ、その時に、日本のシステムですと、ちゃんとしたお医者さんか、いい加減なお医者さんかの区別がなかなかつきにくいんですよね。

まあ、連れて行って、子どもさんがその気になれば、多分いいんでしょうし、その気にならないのであれば、多分合ってないんですよ。

一番の、確かな判断の仕方っていうのは、親御さんが実際に、その子どもを見るなり、親御さんの相談にのる人と会われて、よく話をされて、それで「あっ、この先生とだったらやっていけるな」という気持ちになれるか、なれないかです。その気持ちになれない場合には、とっとと変える。たくさんいますから。

注12　松沢病院：東京都立松沢病院は、明治時代に遡る長い歴史を持つ、我が国の精神科医療の中核病院である。本書の一連の講義が行われた東京都立中部総合精神保健福祉センターは、この松沢病院に隣接した場所にある。

2　同性の親子関係

同性の親との闘い

それから、親子関係といっても、思春期以降の、思春期以前もそうですけれども、同性の親と子どもの関係と異性の親と子どもの関係ってのは違いますよね。それぞれに大切な役割があります。

それで、子どもにとって大事なのは、親が、夫婦として仲がいいかどうかじゃないんですよ。そりゃ、親の夫婦仲がいいに越したことはないですよ、子どもにとっても。でも、親が、夫婦として仲が悪くても、父親、母親として両方が手をつないで、自分に向かってくれているということが大事なんです。それで、どうしても両親がいないところでは、子どもは非常に大きなハンデを背負うことになります。

子どもにとって、一生、目の上のたんこぶになるのは同性の親です。思春期には、同性の親との争いや感情的なもつれが必ず起こります。「いや、そんなことない、うちは、娘と私は仲がいい、娘と父親が仲が悪い」と思ってらっしゃるお母さんもいらっしゃると思いますけども、それは、表面的にそうだっていうだけの話で、本質的には、子どもにとって、同性の親ほど、目の上のたんこぶで、目の前の邪魔なものはいないんですよ。でも、それだけ大切なんです。

思春期には必ず、心の中では、同性の親と争います。同性の親が、一番手近な自分のお手本なんですよね。自分の一生を見通す時に、やっぱり同性の親がどういう人生を歩いてきているのかっていうことが、大切な情報なんです。それに基づいて、自分の一生っていうものを考えるわけですから。

その時に、子どもの目から見て、完全な母親なんて絶対にいないでしょうし、完全な父親もいやしないですよ。良いところもあるし、欠点もあると。

その欠点っていうのは、小さな子どもの間は見えないわけですよ。思春期になって、中学ぐらいになると見えてくるわけですね。それで、同性の親に向かって、面と向かって、痛烈な批判をもしてくれるわけですよ。それは避けがたい、必ず起こることなんです。

それは起きていいんですよ。同性の親と競争して、少なくとも同性の親と同じくらいの自分になれる見通しがなければ、先に進んでいけないんですよ。

だから、茶髪でバイクを乗り回している間は、坊やはお父さんとの勝負を避けていたんですよ。なんとか大学に行かないで、お父さんと渡りあってやっていける道はないかと、あがいたわけでしょ。最終的に、「やっぱり俺は大学に行く」という道を選んだわけです。

女の子の場合もおんなじです。だから、お母さんの前で、お父さんの悪口をいう女の子は、お母さんと一緒にお父さんの悪口を言っているつもりでいるかもしれませんけれども、同時に心の中では、「私はね、お母ちゃんよりもっといい男をつかむんだからね」とお母さんに対して挑発している。そういう心理が働いているはずですよ。

それは、いいですよね。少なくとも、自分の伴侶よりも悪い伴侶をつかんでもらいたくないとかっていうのは親心でしょ。そういう挑発は受け止めて、冷静にしていればいいんですよ。

ただ、どうしても、子どもの方が、挑発をして争いを仕掛けてきたりすると、親としても、自分を見失いやすくなるんですね。だから、相手の挑発に乗って、一緒にお父さんの悪口を言っちゃうとか。

そうすると後で、妻としてはすごく惨めな気持ちになるでしょ。それで、夫のことが、なおさら悔しくなるでしょ。「どうしてああしてくれないの！」「どうしてこうしてくれないの！」っていう気持ちが強くなってきちゃうでしょ。するとだから、子どものちょっかいで、自分の夫婦関係が悪化するとかっていう、そういう機会が生まれちゃうわけですよ。

同性の親との和解

それで、実際にそっちの方向に動いてしまったりすると、子どもにしてみると、自分の一言でお母さんとお父さんの仲がさらに悪くなったことになる。そうすると、「自分っていうのはこの世に居ちゃいけないほど悪い人間なんじゃないか」っていうふうに思い始めたりもするわけですよ。

すると子どもとしては、自分の一生を考えるどころか、「自分っていうのは本当にひどい人間になっちゃいそうだから、これはまずいな」という気持ちが強くなってしまって、将来の夢を見るよりは、今、生きていること自体が苦しくなるといった状況が起きやすいんですね。だから、同性の親子関係っていうのは非常に微妙です。

けれども、そういう避けがたい闘いを、同性の親との間で繰り広げる中で、最終的に同性の親と心の中で和解するわけですよ。そういう和解は、異性の親との和解よりも難しいと言われています。

　つまり、異性の親っていうのは、自分が一人前になるまでの、異性のお手本に過ぎないわけですよ。自分に本当に見合った異性が、自分にできてしまえば、もう、どうでもよくなっちゃうんですよ。だから、娘が、自分に、自分の将来を考える恋人なり、夫なりができれば、お父さんっていうのは大した存在ではなくなっちゃう。ですから、息子も、本当のことというと、将来を考えるようなガールフレンドができてきたりすると、お母さんのことはどうでもいいんですよ。それが、昔のムラの母親と息子の関係と、現代の母親と息子の関係の違いですよ。

　最後までついて回る親子関係のこじれっていうのは、同性間の親子関係です。これは頭に入れておいてください。

　同性の親との闘いを経て、同性の親との和解ができると、本当に同性の親の価値、自分に親としてしてくれたいろんな事柄がよく見えるようになって、同性の親に対してのありがたみが感じられる、感謝の気持ちがもてるようになる。

　そういう同性の親を常に、目の上のたんこぶとして、自分の人生の参照枠にするわけです。なにか自分に、決断を下さなきゃいけないような重大な出来事が起きたり、あるいは、何か自分にとって危険な事態が生じた時に、「じゃあ自分はどういうふうに対応するんだ」って時に、自分の心の中に住まうようになった同性の親だったらば、どう考えるかっていうようなことが、すごく大きな力になるわけです。それが励ましのもとになってくれるし、エネルギー源になって、自分のその時々の困難に立ち向かう力になるわけです。

3　異性の親子関係

仲介役としての機能

そういう、同性の親との和解ができるようになるには、同性の親と子どもの関係で、二人だけでやり取りが可能かっていうと、それはそうじゃないんです。

同性の親子が和解するためには、異性の親が、間に入る必要があるんです。それが、異性の親子関係の、多分、一番大事な役割だと思う。

だから、息子とお父さんが争っていれば、お母さんが仲介役になる。どっちの味方にもなるんです。お母さんが、お父さんの方だけの味方をしても具合が悪いし、息子の側にばっかりいつも立っているっていうのも、具合が悪いわけです。

だから父親と息子だったらば、お母さんが間に立ってくれるおかげで、両雄相並び立つ。それから、母親と娘であれば、お父さんが間に立つことで、その女王様も王女様も共に並び立てる、ということが大切なんですね。

性別同一性を安定させる役割

それから、異性の親が果たす役割に、子どもの性別同一性の獲得、つまり、息子さんだったら、息子さんの内面で感じている自分の男らしさ、女の子であれば自分の女の子らしさを、強化してくれる大人が必要なんです。最終的にそれを強化してくれるのは、恋人であったり、伴侶であったりするわけですけども、そこに行くまでの間は、異性の親が、そういう感覚を強化してくれる必要があります。

だから、中学の終わりから高校の初めの頃に、女の子で、年齢的にまだ早すぎるのに、男の子と、近い関係を結びすぎるような子どもさん、いらっしゃいますよね。彼女らは、決まって父親が、「君は素敵な女の子だよ」っていう、メッセージを与える役割をしてないわけですよ。だから、彼女らは「自分が魅力的な女の子なんだ」っていう証が欲しくて、男の子にはしるんです。

それから、男の子の場合に、女の子と早くから付き合える男の子っていうのもたまにいますけど、それはむしろ例外で、「どう、母ちゃん、俺って良い男だろう」っていうふうにお母さんの方にそれを求めすぎる。

それから、「性愛感情が含まれないことがポイントになる」っていうのは、特に男の子の場合に、母親が、「お父さんもいい男だけど、あんたもいい男ね」っていう感じでメッセージを出していればOKなんですよ。ところが、「お父さんって最低、僕は最高」っていうとね、母親が言ってくれているんだか、女が言ってくれているんだかわからん、ということになっちゃうわけですよ。それはバッなんですね。

だから、父親が言う時も、「お母さんもいい女だけど、君もなかなか魅力的だね」っていうのは、良いんですよ。「お前のお母さんはダメだ、あの女は最低、お前は最高」とかって言ったら、これはもう大バツなわけですよ。

4　親としての夫・妻に望まれる連携

子どもについての情報交換

だから、夫婦仲が悪くても、父親、母親としては協定を結ぶ必要があって、子どもの前では、お互いに相手の悪口をいって、伴侶を貶《おとし》めあったりしない。これはもう鉄則ですね。

子ども—親子の関係に、夫婦関係を引きずり込まない。夫婦関係の悪い部分については、それはそれとして二人で、何とかやりくりすると。子どもを育てるってことに関しては、夫婦仲が悪くてもそれは関係なく、手をつないで子どもを育てる、と。最低でも、お互いの悪口を子どもには言わない。

それから、どうしても必要なことは、男の子も女の子も、「あることはお母さんに言いやすい、お父さんに言いづらい」ってことがあるわけですよ。その時に、夫婦仲が悪くても、その情報は夫に、「子どもがこう言ってたわよ」っていうふうに、情報提供してあげます。

それから、たまーに、「お父さんには言うけども、お母さんには言わない」っていうこともあるわけですよ。だから、そのことに関して、お父さんはお母さんに、「子どもがこう言ってたよ、ああ言ってたよ」っていうふうに情報提供し合う、これは大事です。

だいたい、お父さんに言ったことはお母さんに伝わっているし、お母さんに言ったことはお父さんに伝わっている、ということが子どもにわかると、子どもにとって、お父さんたちが仲がいいか悪いかは関係ないんですよ。「それは二人の間で勝手にやっててくれ」で、済んじゃうわけです。


夫婦関係が壊れても親子としての関係は維持する

不幸にして、夫婦仲が別に悪かったわけじゃないけども、伴侶が事故なり、病気で亡くなってしまっている、と。だから、父親一人で子どもを育てないといけない、あるいは母親一人で子どもを育てなければいけないという事態が、起きることがありますよね。あるいは離婚している場合もありますよね。

不幸にして、伴侶が亡くなってしまった場合には、生き残った方の親の心に残っている、亡くなった親のイメージっていうのが大切なんですよ。

たとえば、お父さんが病気で早死にしちゃったとするでしょ。お母さんの心の中にお父さんの良いイメージがたくさん残っていると、そのイメージが実際のお父さんの代わりをするんですよ。「お父さんがいない」というハンデを、子どもはハンデとしてあまり感じないで済む。

どういうことかっていうと、お父さんがいなくなっちゃっていてもお母さんの口から「今お父さんが生きていればきっとお父さん、こういうふうに言うわよ」とか、「あなたのことこういうふうに思うわよ」とか、「お父さんこうだったわよ」とか、そういうことがたくさん出る。それが子どもの支えになるわけです。

それから、離婚しちゃった場合ですね。昔だと離婚した、どちらか片方の親だけが子どもを独り占めして、別れたもう一人の親は親子関係を切ってしまうってことがあったと思いますけども、現代では、それは避けてください。

どんなことがあっても、結婚は壊れても、親子関係はずっと続くわけですから。子どもは大人になるまで、自分の生みの親と一緒に暮らそうが暮らすまいが、親との関係を保つことは大切です。

たとえば、両親が離婚してしまったと。それで、そのことさえ伝えないっていう親御さんもいらっしゃいますよね、実際。たとえば、それで、おばあちゃんとお父さんが子どもを引き取ったとするでしょ。で、「お母さんどこ行ったの」って子どもが言う。「ああ、お母さん、どっかいって大丈夫だよ」とかって言って、本当のこと何も言わないで、一年くらい過ぎて、子どもがパニック発作を起こしてるっていったことがありました。

子どもにとって、だから、一緒に暮らしている親は大切なんですけども、一緒に暮らさなくなった親のことも大切なんです。その関係を保つことを保障してあげるってことは大事なんです。

だから、子どもを相手に伴侶の悪口を言うってのは、バツバツだっていうこと。それが、うまくいかないっていうのは、ものすごく、一生引きずるような問題が起りますよ。

実際に、一緒に暮らしている親の前では、もう一方の親についてのいろんな知りたいことについて、聞けないわけですよ。それこそ、「『知りたい』と思うだけでも、お母さんに、お父さんに悪いんじゃないか」っていう遠慮が働いてしまって、「実際にお父さんが自分に対してどんな想いを抱いていたか」とか、「お父さんがどんな人だったか」っていうことが、わからないままでいることになるわけですね。

そうすると、自分の女の子らしさとか男の子らしさを作り上げていくときに、それがものすごく大きな欠陥になるわけです。いつまでも自信のもてない自分が残ります。だから、そこのところは十分に承知しておいてください。

今日、用意してきているお話は以上です。

第4講 親が思春期の子どもに伝えるべきこと

1　親が子どもに伝えるべきことの今昔

職業の世代間伝達を保障しない社会

この百年、特にこの後半の五十年の社会の変化というのはものすごく大きいんですよ。そのために、私たちが親に育てられた頃の、親と同じような、全く変わらない子育てをすると、うまくいかないんです。

昔は、別に思春期だからといって、親が特別に配慮して、何か子どもに特別なことを伝えたか、話をしたか、というとそんなことありゃしません。明治時代の親が、思春期の子どもについて悩むなんていうのは、ごくごく例外的なことで、子どもが思春期を通過してどうだなんてことは、これっぽっちも、親は考えたことはないと思います。

どうして、そういうふうに変化してきているかといいますと、簡単にまとめてしまうと、「蛙の子は蛙」ということを社会が保障しなくなったんですよ。蛙の子が、別の動物にもなるし、という時代なわけですよ。

だから親がサラリーマンだから、子どもが何にもしなくてもサラリーマンになれるかというとなれないでしょ。親が警察官だから、もうそれで子どもは自動的に警察官になれるかというとなれないわけですよ。親が、ある小さな工場をやっていたとしますよね。板金工場でもいいし、印刷工場でもいいですけど、そういう工場をやっているからと言って、子どもが自動的にその工場の仕事を継ぐことはできないわけですよね。

そういう意味で、職業が世代間で伝達されるんだという昔の社会は、なくなったんですよ。だから子どもは自分の職業を選ばなければならない。自分の職業を自分で獲得しなきゃいけない。親から「これが君の職業だよ」というふうに、渡すことができなくなってきているんですね。これが一つあります。

結婚は親が決めることではなくなった

もう一つは、結婚です。結婚も、今や当事者の合意に基づくもので、親が勝手に決めることができなくなっています。だから三十代後半の、独身で、しかも結婚を望んでいる男性は、もうあふれているわけですよね。なぜ結婚できないのかというと、結婚してくれる相手がいないからですよ。昔だったら、「はい、この人と結婚しな」ってことで、結婚できていたのですけども、もう、そういう時代ではない。

若者組・娘組（青年団）のない社会

また、昔の若者組、娘組、明治以降は青年団と政府は呼ぶようになりましたけど、この青年団がなくなってしまった。青年団では、昔、何をやっていたかというと、職業教育と性教育をしていたわけです。

明治では多分、親の力が強くなっていますから、もはやその権限は青年団にはなかったと思いますけど、昔の若者組は、その村の若者が結婚することに関しては、若者組が承認をしていたんですね。若者組が承認をしなければ結婚できなかったんですよ。そして、次に親が承認しないと結婚できないという時代があって、今は二人が結婚すると言うと結婚できると。しかし、他の人があれこれ言うことは非常に難しいという時代になってきています。

親の働く姿を見る子ども

「親の背中を見て育つ」と昔の人はよく言ったわけですけども、このこと自体は、今でもその通りです。しかし親の働く姿を見ることが非常に少なくなってきているわけです。だから、親が働いて、親自身の人生においてどんな生きがいを感じたり、どんな喜びを感じていたり、あるいはどんな苦労をしているか、ということについては、話を聞かせない限り伝わらないわけです。こういったことがらがあるために、現代の親は、思春期の子どもに、言葉を通して伝えなければいけないことがたくさんあるんですね。

伝えなければいけないことっていうのは、大きくいってしまえば、「無事に子どもが結婚できるように子どもが育つ、ということを願っての、親からの語りかけ」がありますね。もう一つは、「子ども自身が自分で納得のいく職業を選べるように育ってほしい、というところでの、親からの語りかけ」があるわけです。

２　現代の子どもたちはどういう若者になる必要があるのか

恋愛のできる青年に育てることが必要

私が大学生の頃は、多分、見合い結婚の率が、まだ八割以上、九割近かったと思うんですよ。それからもう三十年くらいたったわけですけども、九十パーセント以上が、見合い結婚じゃなくて、恋愛結婚ですよ、今は。

だから、女性が「この人と結婚しよう」という思いを抱いてくれない男の人は、結婚できない。それが三十代後半の男性群として固まっているわけですよ。

縁故入学・入社から自力入学・入社へ

それから、就職に関してですね。私が大学を卒業した頃は、縁故の入社なんて結構ありましたよ。縁故の入学っていうのは、そろそろ叩かれる時代だったかもしれませんけどもね。だから、そういう時代を通って、いよいよ自力で入学しなければならないし、入社しなければいけない、そういう時代に変わってきているわけですよ。

自己主張と合意ができる、そして合意したことを守る

そのためには、自分の希望がはっきりとわかって、その希望を叶える努力のできる若者になる必要があるわけです、現代の子どもたちは。

「長いものには巻かれろ」で、親の言うなりになっていれば、無事に就職もできるし、結婚もできるという時代では、もう、ないわけです。親の言うことなんてどうでもいいから、とにかく自分の希望をはっきりともてて、その希望に向かって、確実に努力をして、その希望をかなえる、という子が報われる時代なんですよ。

だから、親の気持ちを大事にして、それで一生懸命いい子で育っている場合には、まぁ「長いものには巻かれろ」になるわけですけども、そういう子が生きるには結構辛い社会になってしまってるんですね。

自己主張ができなければいけないし、それからお互いに、仲間同士で自己主張ばっかりして、何に

も妥結点が見いだせない、そのため集団としては何にもできない、ということでは社会は動いていかないわけです。ですから、自己主張もするし、お互いを尊重して、お互いの希望が一番近いところで満たされるような妥結点を見出す、妥協する、合意ができる、そういう能力が必要になってきます。

それから、お互いに合意した以上は、それがどうしても守れない事態が発生しない限りは、守り通す。約束は守る、というところも、昔の若者に比べれば、そういう点では秀でた青年でないと、この現代はなかなかやってらんないというところにきていると思います。

3　職業選択に備えて

親ができることは情報提供

具体的に、「職業選択、対象選択に備えて、親は子どもにどんなことを喋ればいいか」ということなんですが。職業選択については、親が子どもに職業を押し付けてはいけないんですけども、同時に「好き勝手にしろ」と突き放すのもいけないんですね、実際は。

「お前の好きなようにしなさい」というだけでは、何の役にも立たないわけです。実際に子どもはいろんな職業を文字としては知っているかもしれないけれど、それが具体的にどんなものなのか、何にも知らないんですよ。何にも知らないままに、自分で決めなければいけない、という、非常に辛い選択を、社会は子どもたちに迫るわけですから。そこで親が、何をすればいいのかというと、情報提供ですよ。

昔は、親の働く姿を見せていれば、役割が果たせたんだけども、今日ではその職業選択上必要な情報を、親として与えられる範囲で与えてあげる、ということが大事になってくるんですね。だから、「職業とはいったい何なんだ」という親の思いを伝えることは大切になるんですね。どの親もみんな職業について同じ思いをもっているわけではないわけですから、それはもう自分の思いを子どもに伝えればいいわけですよね。

親の希望を伝えることの難しさ

それからまた、実際に、親としては、親心として「自分の叶えることができなかった大きな夢を、子どもに託したい」というのはありますよね。これは、現代では具合が悪いんです。

つまり、親の希望は希望として伝えていいんだけども、それはあくまでも希望で、その希望をかなえるかどうかは、親の側に決定権があるのではなくて、子ども側に決定権があるんだというところははっきりとわきまえて、それを子どもに伝えておく必要があるんですね。

これを伝えないと何が起こるかと言いますと、「親は自分の希望を、勝手に俺に、私に押し付けてきている」と、そこで子どもはつむじを曲げるわけですよ。つむじを曲げたまんま努力をしないで、そのまま、ずずずずっと行っちゃうわけですよ。

そうすると本来の自分のなすべき選択ができないままに、職業選択の直前のところまで行っちゃうわけですね。準備がないままに選ばなきゃいけないことになっちゃうから、ろくな選択はできないわけですよ。

だから、親としては、「自分の希望はこうよ、こうだよ」ということは言っていいと思いますけども、「だからと言ってその通りにする必要はない」というのを付け加える必要がある。「今の時代、子どもは自分の意志で職業を選ぶんだよ」ということを、伝える必要があるんです。

そういう約束事に、もう社会が仕組みを作っているわけですからね。憲法や法律を通して、そういう社会の構造を作り上げているわけですから、それをやっぱり伝える必要がある。

自我理想[注13]を現実に沿って置き換える

実際、思春期が始まって二、三年たつ、つまり中学校の三年生から高校生の一年の頃に、子どもたちの自我理想、要するに自分の夢ですよね、一生託す夢を、現実に近づけて書き換え始めます。

最初の夢は、僕は大人になったら飛行機の運転手になりたいとか、お花屋さんになりたいとか、お嫁さんになりたいという、これが最初の物語ですよ。自我理想ですよ。これが、もっと具体的な、職

注13　自我理想：精神分析を創設したジークムント・フロイトが用いた概念の一つである。自我理想は、「自己に対して（あるべき自己の姿やあり方）を示し、自己がそれに一致すべき手本や模範を提供する」ものである。こうしてはいけないと禁止するものではなく、こうありたいという希望や理想を示し、その人を導くものである。（文献『精神分析事典』編集代表小此木啓吾、岩崎学術出版社、東京、二〇〇二年）

業選択や対象選択に結び付くような夢に、書き換えられるわけです。

それで、中三、高一になると、もう相当現実的に子どもたちは考えています。だからこの時期に、親の働く姿を、あるいは職業についての気持ちを、その子どもとの対話を通じて子どもに伝えてあげるということは非常に意味のあることです。それからまた、自分が直接の職業じゃなくても、自分の知っているいくつかの職業についても、知識提供してあげるということは大事なことだと思いますね。

また職業のことだけじゃなくて、その職業の職場、職場にもいろんな楽しみもあれば、大変な辛いこともありますよね。そういったことは日常生活の中で、子どもに話をするということだと思います。

大学受験のために小学校のころから、お母さんやお父さんにお尻を叩かれて勉強するというのは大変なことだと思いますけども、それをしていて全員が全員伸びていくわけじゃもちろんありません。途中で頓挫しちゃう子はたくさんいるわけですけども。

結局最終的に、高校卒業後、自分がどうしていくかというところ、本当に頑張れるかどうかっていうのは、自分の将来の夢や希望、つまり自我理想がはっきりしていて、「これを実現するためには、この苦労は買ってでもせにゃならんな」という思いがもてているかどうかなんですよ。それがもてれば、「若いときの苦労は買ってでもしろ」ということで、やれるんですよ。

自我理想が消えている子どもの場合

これが、自分の自我理想がはっきりしないままに、周囲がちょっと焦って、「こうしなきゃだめだ」って感じで、努力を強いていったりすると、裏打ちがないところでのむなしい努力になってしまうので、続かないんですよ。

それで、学校に行かなくなって、引きこもっているような子どもさんの場合は例外なく、自我理想が心から消えちゃってます。「将来の希望は」と聞いてですね、「こうこう」と答えられる子どもは一人もいないです。そんなものはなくなってしまっているということなんですね。これくらい辛いことはないですよ。

みんな、周りの子どもたちが、自分の夢に向かって毎日を、歩んでいるわけですよ。気晴らしにコンピューターゲームをたくさんやっているかもしれないけれども、でも着実に自分の夢に向かって努力をしている時間が、毎日の時間帯の中にあるわけですよ、普通の子どもには。自分にそういう理想がはっきりしたものとしてないから、感じられないから、何に励んで良いかわからない。これはものすごく辛いわけですよ。

ただ、ちょっと気が楽になるのは、そういう子どもでも、「時間をかけて、本当の君の、将来の希望なりがはっきりするまでは、ゆっくりやっていこうじゃないか」「一年二年ここで遅れたからって、そりゃ、長い人生の中で大した差にはならないよ」「自分が本当に何を将来やっていきたいか、どんな一生を送っていきたいかっていうことが、はっきりしないままに、なんかみんなと足並みそろえてやんなきゃいけないって焦って何かを決めてもうまくいかない、それでやっちゃった方がずっと辛いんだよ」ということを伝えた場合にはですね、前に進んでいく子どもは、そこで焦るのをやめて、自分の本当の希望は何なのかということを考えるようになるし、そこで一年、二年の時間を与えれば、自我理想がはっきりしてきますよ。

もとの自我理想の根っこというのは、「ねぇ、ママ、僕ってすごい」とかって言ってた幼稚園の頃のあの男の子や、「ねぇ、パパ、私ってかわいい」とかって言ってた女の子のあの姿があれば、思春期の自我理想をもう一回現実的なものに、姿を変えて出てくるものなんですよ。だから、今言ったような幼児期の、親子の情緒的な結びつきがあれば、誰にだってもてるものなんですね。それが、様々な事情で消え去って、一時的に消えているってことですから、そんなに絶望する必要はないんですね。

具体的に、自我理想が再び現れてくるためには、どんなものがあるのかというのを次に並べておきました（精神療法、カウンセリング、デイケア、運動、家族レク）。

家族レクなんていうのは、悪くないですよ。みんなで運動するとか、みんなで旅行をするとか。そういう、暗い世界からちょっと抜け出すっていうのも悪くないです。

4　対象選択に備えて

親の異性観を伝える

それから、「対象選択に備えて」ということで、子どもが、なかなか将来に夢をもてない理由の一つは、男として楽しくないんじゃないか、女として楽しくないんじゃないかっていう気持ちがすごく強いんです。この気持ちが強いと、「人間として」なんて道を説いたとしても話にならないんですよ。「よし、男として俺は一発やってやろうじゃないか」とか、「女として、やろう」とかっていう、その思いが一番、子どもたちを駆り立てます。そこで、「どうせいくら頑張ったって女の幸せなんかありゃしない」とか、「どうせいくら頑張ったって、男なんて、もう女から嫌われるだけなんだ」って、そういうことを思い込んじゃっていると、自我理想を作り替えづらいですよ。

親としては、もう親の年になってくると「男だ女だ」っていうようなことはどうでもいい。その卒業に近くになってきて（笑）、女が上がるとかね、男がもうだめになってくるとかそういった話になりますから、もうたいしたことじゃないんです。

自分の昔を振り返って、自分が若いころに性についてどんな考えをもっていたかとか、実際にその人生をやってきて、今どう思うかとか、そういったことを伝えてあげる。「君は男の子として、あるいは女の子として生まれて、それぞれに面白いことがたくさんあるはずだよ」ということを伝えることが大切です。

それから、当然人生にはいろんな落とし穴があって、男として、女として、辛い思いをするという経験も、一つや二つは誰にでもあるじゃないですか。そういう、あぶなかっしさといったことについても、伝えてあげるのは大事ですね。

この辺のことっていうのは、昔であれば、若者組でやっていたんですよ。今、若者組はありませんから。それから、学校は、どうやったら妊娠するとか、出産するにあたってどういう解剖的なことがあるかとか、そういうことは教えてくれても、今、私が言ったようなことは授業では教えませんから、結局は、親が教えてやるということになると思います。

「恋愛と結婚は別」という奇妙なことは言わない

それから、「恋愛と結婚は別だ」というような奇妙なことは言わない方がいいです。すると、恋愛だけが楽しくて、結婚するともうほんとそこは墓場であると。「結婚が墓場」だったらまだいいんですけど、「結婚がお墓である」とかっていうね、それがメッセージとして、恋愛と結婚は別とかっていうことが伝わっちゃうと、もうそれだけでダメなんですよ。

だから、恋愛と結婚は延長線にある。たまには惚れ直すということがあるんだということを見せてあげるのも大事ですね。結局それが親から子どもへの、一生頑張ってやっていきなさいよっていう励ましになるわけですよ。何よりの励ましなわけです。

伴侶の悪口を、子どもの前ではなるべく言わない

そういう意味では、伴侶の悪口は、ついつい子どもが小さいときには言っちゃってもいいんですけども、思春期になったらば子どもの前では、なるべく言わないでですね。まぁ、それまでに言っちゃったなと思うのなら、それに対する反省かなんかを本気で子どもに言ってあげる。

親からもう一方の親の悪口を子どもが聞くというのは、子どもにとっては心が引き裂かれる思いを

抱かせる経験なんですけど、反省の弁を述べることで、その傷を少しおさめてやるということも大事かと思います。

「高校卒業」がセックス解禁の目安

それからなるべく、「男性として、女性として、自分を高く売れ」っていう言い方が正解なんですよ。高く売れるように、自分を作っていく必要があるわけですけども、安売りするなと。それは大事なんですね。高校時代に、恋愛をしてもいいかもしれないですけど、「セックスはするな」と言っていいですから。

大学に入ったら、もう知りませんよ。私が勝手に思っている解禁の時期って、大学ないしは、専門学校ないしは、短大っていう、「高校卒業」っていうのが一つの目安だと思っています。高校卒業してセックスをして、自分でその責任がとれないというのは、やっぱり治療を受けた方がいいということだと思うので。十八を過ぎていれば当然、そういうことについては責任ぐらいもてて当たり前だと思いますから。

だから、「高校時代は、安売りを避けるために、異性を見る目を養いなさい」とかって、自分の子どもにも言っていますけど、「大学に入ったら好きにやれ」と。「これはと思ったら何をしてもいいから手に入れろ」と（笑）。そういうことはですね、中一、高一くらいに言っておいた方が賢いですよ。そうすると、いざそういう状況が起きた場合に、親のそういう発言っていうのが、子どもの脳裏に浮かんでくるわけですよ。だから、そこで、「あっ、これ以上はちょっと仲間と付き合って危ない目に合うのはやめておこう」とかっていうブレーキになるわけですね。

遺伝に関する情報を解禁前に伝える

それから、糖尿病の家系だとか、高血圧があるだとか、色覚の異常があるとか、それ以外にいろいろと先天的な病気なんかがある場合には、子どもに伝えておくべきですよ。それも解禁になる前に。そういう、遺伝的なハンディキャップがあるからと言って、それが自分を安く売る材料になってはいけないわけですよ。そういうことが、あったっていいわけです。あったってなるべく高く自分を売るべきなんですよ。

だから解禁前に、そういう遺伝情報についても、直接、親御さんから話をするというのは大事だと思いますね。またそういうことで話をする場合に、自分の知識が不十分だと思えば、専門家のところに行って情報をとってくるということも大事だと思います。

5　「何をどのように伝えるか」両親が話し合い、合意しておく

夫婦で手をつなぎ、それぞれの役割を果たす

こういうことを、両親がてんでばらばらにやってもいいんですけども、それよりは結構、親としては、

いろいろ大変なことを子どもに伝えていかなければいけない。昔の親であれば、ほっかむりをしていて、なんか聖人君子のような顔をしていれば済んだものを、自分が、言葉は悪いですけど「ストリップ」しなきゃならない。「自分の本当の姿を子どもに伝える」ということにもつながってくるわけですから、結構、しんどい仕事なんですよ。それだけに一人でやるのは辛いものがある。

やっぱり、伴侶で手をつないで、相談して、それで「どういうふうに子どもに何を伝えれば、子どものために一番いいのかな」ということを、お互いに納得して、それぞれの役割を果たしていくということ。

やはり、子どもの人生の重要な選択――伴侶の選択と職業の選択というのは大事です、ものすごく――、この選択をするにあたって、子どもよりも親の方が情報をたくさんもっているわけですから。人生それだけ長い間生きているわけで、その情報をなるべく活用できるようにしてあげるっていうことが大事です。

それは決して、子どもに、ある職業なり、ある異性を、押し付けるということではないです。その情報を使いながら子どもは子どもなりに、向こう岸に泳いでいくということですよ。

これで私の今日のお話は終わりなんですけども、何かご質問ありますか？

参加者：解禁っていうのは、それまでは責任をもてないということで高校卒業ということですか。

高校卒業すると大体人生の大雑把な方向は決まってくるじゃないですか。そこで出会う相手であれば、まぁ、いいんじゃないかと。それから年齢的にも、もう、子どもを生んで困るような年齢じゃあないですし。

参加者：こういう話をすると「お母さんはどうだった」ということを必ず聞かれちゃう。

はい。だから「ストリップしなきゃいけないからしんどいんだ」と言ったんですけど。そういう、「お母さんはこうだったのよ」って、言えばいいんですよ。そんなところで包み隠したってしょうがないし。まぁ、子どもが、そういうのはよく見ていますからね。

愛しながら育ててきている子どもであれば、親の多少の醜い姿ぐらいは、受け入れてくれますよ。他人の親のそういう姿は認めないかもしれないけれども、自分を、手塩にかけてくれた親のちょっとした傷なんていうのは、子どもにとってはどういう問題じゃないわけですよ。そういうことをちゃんと言ってくれる親であることの方が、隠す親よりずっといいわけです。その方が、そういう親の子どもとして育っている自分を、自分なりに受け入れやすくなるんです。

子どもにとって、これから社会人として自分で立って行かなきゃいけないという時に、自分自身を受け入れないで、否定しようという力が自分の心の中に働いていることくらい大変なことはないんですね。「私は、昔はこういうことがあったのよ」、そんなふうに言っている親の思いというのは、子どもが自分を受け入れること、子ども自身を受け入れることを、難しくする材料にはなりませんから。

だから、清水の舞台から飛び降りるつもりになれば、なんでもできるということです。

第2章　子どもの発達

第5講　親子ゲンカ――子どもはそれをどう乗り越えるか

1　子どもは一番最後に親に当たる

親子ゲンカについてお話しをします。

大人になっていく過程で、子どもが親にケンカをふっかけてくる。親も、思わずカーッとなって、応対してしまう。その結果、親というよりもむしろ子ども同士のケンカのようになってしまう。

こういうことは、決して異常とはいえない、どこの家庭でも大なり小なりみられることですが、そういうことが起きている場合に、知っておいた方がいいことをいくつかお話しします。

子どもが、自分の毎日の生活に自信がもてなくて、おとなになっていくということに自信がない時に、イライラします。物に当たることが、まず起こります。次に、両親以外の誰かの文句を言います。学校の先生、同級生、友だち、きょうだい、などです。最後に、親に文句を言います。

だいたい、自分にとって大して大事じゃない人が、最初の、人間に対する文句になるものです。一番最後に、一番大切な人に対しての文句や攻撃的な暴力行為になります。

なぜ、そういう順番になるのか。まぁ当たり前の話なんですが、自分にとって大事な人は子どもにとっては、傷つけてはいけない人なわけなんですね。だから、親に対する文句というのは一番最後になります。だから物に当たっている時には、親に対する文句があると思って間違いないです。

子どもにとって困るのは、親が、「私は悪くないよね、あなた私のこと怒ってないよね」ということを言い過ぎてこられますと、つい、子どもは「ない」というふうに答えます。そうすると、本質的に親に向いている不平不満のたぐいを、向いているその親に向かって言葉を出すことが難しくなってしまう。

だから、そうなってしまうと、きょうだいゲンカが激しくなるとか、学校がより好ましくないところに感じられて、学校に対する文句がひどくなっていったり、ということが起こります。

親にとって、学校の中での出来事はコントロール不可能なんですね。それは、学校の先生にまかせる以外ないわけです。

でも、子どもの、親に向かっている文句に関しては、親は対応可能なんですね。だから、子どもの気持ちの中でも、親に対する文句はどんどん聞けばいいんです。

学校についての文句はいくら聞いても、まあ、せいぜい、親ができるのは、学校の先生に連絡をとることぐらいでして、そこから先、何が起こるかってことに関して、親はコントロール外ですね。親としては、非常に学校に不信を抱いたり、腹を立てたりしがちですけれども、それをすることで良いことって、あまりありません。

2　思春期の発達を保護・刺激する環境に問題はないか

「性欲動」を刺激する環境とは

それでそういう、子どもの苛立ちやケンカや暴力行為などが起きている時に考えて良いことは、「家庭の中での環境が子どもにとってどうであるのか」「子どもがさらにたくましく育っていく上で、親は、家庭環境をどういうふうに整えることができるか」ということなんですね。

親が子どもを育てるためにしていることは、大きくいって二つ。もっと分けても三つくらいしかないんです。

一つは守ることですね、保護すること。発達を保護すること。

もう一つは発達を刺激することです。

そして刺激することと、もうちょっと別のことを分けようという意味では、三つ目に、栄養分をあたえる、発達の栄養分を与えるということです。

まぁ、せいぜい分けて三つのことを、親はしているわけです。その三つのことについて、自分の家の環境というのはどうなのかということを考える必要があります。

子どもにとって、発達、自分の発達を邪魔する環境というのはどういうものか。

結局、自分自身が思春期なので、衝動的になっているわけですね。エネルギーが有り余っている。性的な衝動なんかもまだ十分に、自分で、コントロールできていない。そういったときに、自分自身の衝動を、簡単に爆発させる方向に刺激するようなものは、嫌なんですね。

だから、子どものコントロール能力を超えて、性欲動を刺激するような環境になっていないかどうかっていうチェックが必要です。

たとえば、息子と娘を同じ部屋においてないかとか、母親と息子が一緒の部屋に寝ていないかとか、母親である自分自身が、あられもない格好で息子の前に出て行って、言いたいこと言っていないかとか、まぁ、そういった類のことですね。それから、父親がお風呂上りに、パンツも履かずに娘の周りを歩き回っていないかとか、そういうことですよ。

それから、それに準じて、親の不倫についての話がないかとか、不倫相手の写真が家の中に置いてないかとか。父親のオフィスに、不倫相手の写真があって、それをばったりと娘が見てしまって、娘が非行にはしり始めるっていうことは珍しくもなんともない、よくあることです。

あと、「あなたのお父さんはひどい男なのよ、それに比べてあなたは何て素晴らしい男の子なの」っていうような、母親から息子へのメッセージとか、それと同じような父親から娘へのメッセージですね。これはもう、バッツバッツバッツ、バッです。

子どもがちょっと具合が悪くなっている時に、お父さんがお母さんに「お前の育て方が悪いんだ！」っていうのも、これはもう、大バツですね。それが子どもの耳に入れば、娘であれば、「あら、パパったらお母さんより私のことを、いい女って思っているのかしら」とかって、そういう勘違いをしてくれますからね。もうそれだけで、それが性的な刺激になりますから。

それで娘は、父親に近づいてお手手をつなぐことははばかられる年代ですから、そうやって、一旦、自分の性的な気持ちに火がついたらば、どっかで消さなきゃならないわけですよ。そういう、自分の性的な魅力を確かめる必要があるわけです。

そうすると何が起こるかっていうと、男の子にはしるわけです。だから、その類のメッセージが家庭の中を飛び交っていないかどうかは、チェックする必要がありますし、もしそういうことがあるのであれば、それは慎むということが求められるということになります。

「攻撃衝動」を刺激する環境とは

それから、子どものコントロール能力を超えて、攻撃衝動を刺激する環境。それはたとえば、お父さんがすぐに子どもを殴るとか、そういう類です。

また、父親が子どもを殴るだけじゃなくて、奥さんを殴るというのもダメですね。それから奥さんが夫を殴るというのも、これもダメです。これらは、子どもの苛立ちを増強します。

攻撃的な暴力、っていうのは、攻撃性だけで起きることはあんまりないんですね。必ず性的なものとコミになってます。

ここで一つだけ覚えておいていただきたいことがあるんですけども、セックスですよ。セックスっていうのは性的な衝動だけじゃないんですよね。あれは筋肉運動ですから。筋肉運動というのは、攻撃衝動が使われているわけですよ。性衝動と攻撃衝動の両方がひっついているんですよ。[注1]

だから、家庭内暴力がある時には、ただ単に、親に暴力的なところがないかどうかっていうことを確かめるだけでは不十分です。そうでなくて、性的な側面で親が子どもに何らかの不適切な環境要因になってないかっていうチェックが必要になります。

3　親の自我理想の子どもへの押し付け

「親の期待に応える以外に自分の進む道はない」と信じこませてはダメ

「親の自我理想の子どもへの押し付け」が問題ということなんですが、これは要するに、「親が子どもに期待してはいけない」っていうことではないんですね。期待は当然していいんです。ただ、親としての自分の期待に寸分たがわぬものを、子どもが実現してくれなければいけないんだ、というような形で、期待を子どもに押し付けるのは、これはいけないんですね。

「親の希望としてはこうなのよ」「あなたはそこから先は選ぶのよ」と言ってる限りはですね、当然のことなんですけど、それは必要なことなんです。ただ、「親の期待のとおりにちゃんと走りなさい」と言ってしまうと、突如としてバツになるんです。

なぜ、バツなのかといいますと、子どもは、親に大事に育てられてきているので、「親の気持ちをなるべく大事にしたい、親の希望を叶えてあげたい」という気持ちがあるわけです。それで、その気持ちと、現実の自分が自分の将来に実現できることとは、必ずしも一致しないわけですよ。

だから、「お父さんお母さん、それは無理だよ」という、自分の本心、「自分としてはこのぐらいのところが自分の希望なんだよ」という気持ちがあって、「それに向かっていけばいいんだ」と子どもが思えれば、それでいいわけです。

ところが、「親の期待通りに自分がならなければならないんだ」という思い込みが強すぎて、そのために、現実の自分が見えなくなってしまう。「とてもそんな夢は実現できっこないのだ」という当たり前の判断が利かなくなってしまって、子どもは、「なんとしてでも自分はお父さん、あるいはお母さんの希望の通りの自分になるんだ、もう、それしか自分の希望はないんだ」っていうふうに、誤った思い込みを現実のものとみなしてしまって、「それ以外に、本当の自分の希望はないんだ」と思っ

注1　通常、攻撃衝動と性衝動は結び付いていて、愛情の一部として、あるいは何らかの生産活動、勉強やスポーツの一部として適応的な形で発散される。ところが、親から子どもへの性的な刺激は、子どもから親へは攻撃衝動として発散されることになってしまいやすい。子どもから親への暴力は、親子の愛情関係の一側面であると理解できることも多い。

とてしまいやすいんですね。

そうすると、言ってみれば、その子どもの気持ちというのは地面に足がついていないような状態なわけです。非常に非現実的な夢を追いかけることになっちゃうわけです。

そもそも現実的に実現できないものを追いかけていくと、どっかで挫折するに決まっているわけですね。しかも、実現できないのは仕方のないことだとは思えなくて、「自分が悪いからだ」とか、「自分の能力が低すぎるからだ」とか、そういう勘違いを重ねていくわけです。だから、「親の願いを押し付けすぎてはいけない」というわけです。

「自分と子どもは別個の人間である」という認識をもつ

まぁ、「自分の夢を子どもが必ず実現してくれなければいけないんだ」という勘違いを、親がしている場合には、親は自分と子どもを別個の人間だというふうに思えなくなっているわけですね。

親と子どもはそもそも別の時代に生きる、別個の存在なわけです。親は、先にお墓に入ります。子どもは親がお墓に入った後もずっと生き続けて、次の世代を育てなきゃならない。だからなにも親の願いの通りの生き方をして、子どもの時代にうまく生きていけるかどうかなんてわかりゃしないわけですよ。

だけども、親が自分の願いを子どもに押し付けてしまうというのは、親は、「子どもは自分が生きたのと同じ時代を、自分と同じように生きるんだ」「自分が幸せになりきれなかった分を、子どもは代わりに幸せに生きてくれるんだ」とかっていうような勘違いをしているわけです。

そして、その親の夢が崩れそうになると、まぁ、崩れて当たり前なわけなんですけども、親は、そういうふうになかなか思えないんで、「子どもがおかしくなったんじゃないか」っていうふうに思うわけです。子どもの方も、その親の想いに合わせて、「僕はおかしいんだ」とか、「私はおかしいんじゃないか」というふうに勘違いをします。

それからまた、親子が別々の存在だという認識を欠いて、親子関係を思春期の間にもっていると、子ども自身は、自分の考えなのか、親の考えなのかが、よくわからなくなるわけですね。だから、「自分の考えがはっきりしない」というふうに感じます。場合によっては、「もう自分の希望は何もない」とか、「わからない」とか、「どうでもよい」というように思うことにもなります。

親として、自分の子どもに対する希望を押し付けすぎてはいけないということを聞いて、それで次に親が起こしやすい間違いがあってですね。

それは、皆川先生が、親の希望は子どもに伝えていいって言ってたから、お母さんとしては、お父さんとしてはこんなことを願っているんだっていうところまでは言っていいんだ、と。

ただ、そこから先は押し付けてはいけないんだということで、「そこから先は、お前次第だ！」「あとは知らない」というふうに、押し付けないということを逆に言いすぎてしまうと、子どもは、「ああ、親はやっぱり、親の希望をかなえてほしいというふうにいっているな」と受け取ってしまうんですね。

だから、「あとはお前次第だ」っていうところは、あんまり強く言わない方がいいんです。ただ、親が、親の希望しているところに子どもがいきそうもない時に、お母さんとしてはがっかりするんだけど、「これはお母さんの人生じゃなくて、あなたの人生になるんだからね」っていうところで、わかってやれば、それでいいんです。

4　親の秘密・家族の秘密（家族神話）

親が、自分の汚点と思うことを子どもに隠す

それから、子どもがイライラしやすいことでしばしばあるのは、親の秘密だとか、「家族全員がみんな知っているんだけど、そのことは話さない」という家族全体の秘密、「家族神話」といいますけども、そういったものがある場合ですね。子どもは、親ほどに、あるいは、その家族の大人世代ほどに、その秘密についてよく知っているわけじゃないんですね。

それで、そのことにひっかかるようなことが起きている時に、イライラすることがあります。

親は、自分が汚点と思うことを子どもに隠したりしますよね。たとえば、自分は手首を昔切って自殺未遂を何回もやったことがあってとかですね。それでそのことについては夫も知らないし、知っているのは自分の父親、母親だけだ、とかですね。

そういった出来事があった場合に、お母さんでもお父さんでもどっちでもいいんですけども、お母さんあるいはお父さんが、「自分の子どもが、自分のそういうミステイクを繰り返すんじゃないか」っ

ていうことを一人で悶々としているわけですよ。

それでちょっとした子どもの不機嫌や自分への応答の悪さなどで、「あっ！　子どもがおかしくなるんじゃないか、自分のようになるんじゃないか」って余計な心配をしますね。子どもはそれを感じとって、「えっ、お母さんから見て俺っておかしいのかな」「お母さんから見て私っておかしいのかな」というメッセージを受け取ります。

元来「おかしくない」「おかしいと思わなくていい」ような状況で、子どもは自分自身についておかしさを感じちゃう。それで、誤って自分自身の自信を失ってしまう、自分を信用しなくなってしまう、という事態が起きます。これが、思春期の発達をかなり邪魔します。

家族全員が口にできない事柄を共有する

あるいは、家族に精神障害者がいたとか、自殺した人がいたとか、犯罪者がいるとか、そういった類のことです。あるいは、子どもがまだ一人前になっていない時に、自分のお父さんが病気で死んだとか、自分のお母さんが病気で死んだとかいうことも、家族神話の一部になるわけです。

お母さんのお母さんが、昔、若くして亡くなったとするじゃないですか。その娘さんが育って母親になって、自分の母親が死んだ年齢に差し掛かった時に、「自分はひょっとして病気で死ぬんじゃないかなぁ」とかいうことを、理由なく、心配したりもするわけですよ。それで自分の子どもが何気なく話している時に、「そんなことを言ったらお母さん死んじゃうから」なんて、前から思っていた自分の心配をお母さんがぽろっと言う。その一言が、非常に危険なわけです。

それから、あるいは、特別に成功した人がその家系の中に誰かいたとするじゃないですか。それで他の人たちは、みんな、その人に救われるばっかりで、「誰一人その人を超えるような人は出てはいけないんだ」っていうような、そういう神話もあるわけですね。

そうすると、子どもが伸びていこうとすると、それを何か知らないうちに「抑え込もう」っていうような動きが起きたりして。そういうことは、親自身の意識的なコントロールを超えて起こりますから、そういう場合には専門家の助けが必要になります。

親としてできることは、子どもの話をきいてやるっていうことと同時に、子どもの性衝動や攻撃衝動などの衝動性を刺激する環境を、なるべく自分たちで食い止めて静かにする、ということくらいなわけです。

5　子どもはこれらをいかに乗り越えるのか

親に話せない事柄を誰かに相談する

そういった状況の中で、子どもがそれを一人で乗り越えていくっていうこともしばしばあります。だいたいどうやって乗り越えていくかというと、親に話せない事柄を、誰かに話しています。たとえば牧師さん、学校の先生、です。

そういう話を通じて、「自分がお父さんやお母さんのもっている自分に対しての夢を叶えなくてもいいんだ」っていうことをわかって、「そういうことを叶えない子どもも、決して悪い子どもではないんだ」「自分は自分なりの夢をもってやっていけばいいんだ」っていうことがわかれば、それで乗り越えていきます。

事がもう少し難しくなっていきますと、親に対して抱いているような疑念を、相談相手にぶつけるようになります。すると、相談を受けている方はどういう気持ちになるかというと、親が子どもに対して抱いているのとおんなじ、「ああこいつはダメだ」とか、「ああなんでこの子はここでどうにもこうにも動かなくなっちゃうんだろう」とか、親が困り果てるのとおんなじ想いを、相談を受けている家族代わりの大人は抱くんです。

それで、そこから大人が抜け出して、子どもとのコミュニケーションを再度もつことができれば、それで問題は解決しますが、親と同じように、「ここでもうダメ、お手上げだ」っていうふうになってしまうと、そこで子どもは潰れます。

その場合には、もう、専門的な相談技術をもっている人のところに行かせるということになります。子どもにとっては、相談をする人っていうのは同年代じゃダメなんですよ。同年代だと助け合いはできるけれども、やはり、競争相手ですから。本当にその親に代わって、親のような役割をもち続けて、その子どもの話を聞き続けるっていうのが仲間にはできません。

途中で、「俺の方が勝利者だ」とか、「私が勝利者で、あなたは敗戦者だよ」とか、そういうところにいきやすいですから。同年代の仲間だけでは、事はすみません。

心理学的な「親殺し」[注2]の成立

少なくとも自分より年上の相談相手、それが専門家であれ、学校の先生のような人であれ、牧師さんであれ、あるいはおじさんであれ、おばさんであれ、そういう人との間で、苛立つ自分の難問を乗り越えることができるという段階に到達すると、心理学的には「親殺し」が成立したことになるんです。もう心理的に親に頼らないで済むということが増えるわけですね。だから今まで、大きく見えていた親が、年取った普通の大人の親に変わるんですよ。昔はずーっと自分よりも上に見えていた親がだんだん下がってきて、自分と同じ地面に立つ水平関係の人間関係に変わります。

親殺しはしてもらわなきゃ困るんですよ。いつまでも巨大な親であり続けるということは、「子どもはいつまでも子どもだ」ということになります。

子どもは必ず親殺しをします。それで、「親子関係は、親が殺されることでなくなってしまうのか」というとそうではないんです。そうじゃなくて、新しい、水平関係に基づく親子関係に変わるわけです。それで、それをさらに超えて、親がだんだん年をとって衰えてくると、「老いては子に従え」とかってね、子どもの方が上に行って、親の方が小さくなっちゃうでしょう？

親殺しが成立するということは、親子ゲンカが和解に到達するということでもあるんです。そして、異性の親は先に殺されます。だから、女の子にとってですね、「お父さん臭い、あっち行って」とか言っても、せいぜい中学時代ですよ。高校になったら、「お父さんいたの？　あっそう」、みたいなもんでしょ？　どうでもよくなっちゃうんです。

息子にとっての母親っていうのも本当《ほんと》はそういうふうになってほしいんですけども、父親は娘を、生まれた時からずっと世話しているわけではないので、娘の方が、異性の親を殺しやすいんじゃないかと思います。息子は、恋人なり、お嫁さんに、「いいかげんしなさい、あなたマザコンね」とか言われて、ようやくだんだん終わるという感じです。

なかなか殺すことができないのは同性の親です。お母さんにとっては、いつまでも、自分の母親が自分の子育てをどう評価するかとか、自分を妻としてどう評価するとかっていうことが気になっているんです。また、そういう自分の母親がどう評価するかという思いがガイドになって、自分自身の親としてのありようってものを決めてくるわけですね。

ただ、同性の親に対して親殺しができていない分、和解はできてません。その場合、自分の親としてのありようのガイドとなる心の部分が、心の中で「あんたってダメな親ね」っていう気持ちを、自分に伝えてくるわけです。

注2　思春期には自身のセクシャリティへの関心が急増する。心理的な「親殺し」というのは、その時、思春期の心に生じる親との関係における出来事を象徴的に示す言葉である。幼い子ども時代に自分を慈しんでくれた親から、家族外に関心の対象を移し、青年は愛する機能を備え持つ。性愛のある自分を想像することへの禁止が外れ、将来の自分を想い描く心の営みが可能となる。

だから、思春期になった子どもの具合が悪いということで、「私の子育てどこが失敗したのかしら」っていう時に、文句をいってくるのは自分の中の母親の部分ですね。その部分が、あれこれ、「あんたの子育てはどうだ」とか、「あんたは妻としてどうなのか」とか言ってくるわけです。それは自分の心の中にあるわけですね。

それは自分自身にとって異物であるわけですけど、それがあって、「まぁ最善をつくしたんだから子どもは育ちきらなくてもいいんじゃないか」という想いをなかなかもてないということにもなるわけです。

親自身の心の中で、自分の親とのいろいろな葛藤っていうのが、あっていいんですけども、それが思春期の子どもの問題が大きくなってくると、元来自分の中にある、まだ未解決の問題として残っているものが誘発されるんですよ。

それで普段だったら、その子どもの問題がなければ、それはそれとしてちょっと棚上げにしておいて、どうってことなく過ごしていられるんだけれども、それが、思春期の子どもとのやり取りで刺激されて踊りだすんですね。また、実際に、親として子どもと接する時に、余計なことを言ってくる自分が出てきちゃうんですよ。それで大変なんですね。

だから、自分の心のこっちであれこれいうことに対して、「黙れ、黙りなさい、あんたはどうでもいいのよ」というふうに思って、自分と子どものことだけ考えるっていうふうになった方が、楽なんです。

思春期の子どもの治療をしているセラピストは、その子どもと付き合っていることで、セラピストもそういう自分自身の親との未解決のまだ和解に至っていない問題とかがものすごく誘発されるんです。それで、こっちの方が、実際の子どもとのやりとりそのものよりも、ずーっと大変なんです。そういうものなんですよ。

だから「そういうことがあるからダメ」だっていう話じゃないんですよ。だからそこを、乗り越えなさいっていうわけです。

親も自分と両親との関係を、もう一回見直すっていうことですね。そうして、お父さんはお父さん、お母さんはお母さん、私は私っていう、よりたくましい私になることが大切なんだよね。

それが楽になる秘訣だし、それが乗り越えるということだね。心理学的に自分の心の中の親を、依存対象としての親を葬り去るっていうのは大事な営みなんです。

6　親が親としての機能[注3]を果たすこと

親ガイダンス[注4]、夫婦療法[注5]・家族療法[注6]を受ける

じゃあ、親に求められる対応っていうのは何かっていうと、親が親としての機能を果たすってことですよ。子どもの結果によって、それが良かった、悪かったということではないです。

特に、これまで述べた、親としてすべきことはしているし、しない方が望ましいと思われることは

していないというところが、きっちりできれば、それでいいんですよ。親にできることはもうそれだけなんです。それ以上のことはできない。

子どもが、この問題を乗り越えていけるかどうかっていうのは、親によって全部決まることではなくて、子ども自身の人生の始まりなんだから、子どもによって最終的には決まるんですね。だから親としては、できることだけをしてあげて、行方を見守っていればそれでいいんですよ。

「自分自身の親がこう思うんじゃないか」とか、「ああ思うんじゃないか」とかいうことを思う、その余計な自分を気にしないでいい。

具体的には、まあ、こういう親ガイダンスをグループで受けるとか、夫婦ベースで親ガイダンスを受けることもできますけども、そういうものとか、夫婦療法とか家族療法とか、そういったサービスを受けることはできます。

ケンカはしない。平静を保ち親機能も保つ

だから、子どもの思春期の発達を保護・滋養・刺激する環境を与えてあげて、子どもとケンカをしない。

「カーッ」となったら、「ああ、これは、もう、リングに上がれよっていうふうに、誘い水をかけられている」と。リングにあがったら、親も子もないんですよ。ガキ同士のケンカになりますから。それで、「ここで、もう、親として何か思い知らせてやるんだ」というところで争ってしまったら、もう、親機能は破壊されたと思ってください。だから誘い水には乗らない。「なんだよー」って、子どもが言ったらね、「私はね、あなたの親として頑張ろうと思っている。ここであなたの誘いにのったらね、私は子どもに落ちちゃうわよ」って言えばいいですよ。どんなに挑発されても、冷静な自分を保っていることっていうのが大事なんです。

注３　生物学的に親であることと、親が親としての機能を発揮すること・親としての機能を果たすこととは同じではない。特に、思春期の子どもと同居しながら、親機能を備えた親で在り続けることは難しい仕事になる。子どもからの批判の対象となることもあるが、それでも親は揺るがずに在り続け、親子の境界を守りつつ、子どもに衣食住と教育の機会を提供する。

注４　子どもの発達を目的として、両親など保護者に対して、子育てについての知識を提供したり、具体的な子どものかかわり方について助言したりする治療法である。この治療法では、親自身の問題や夫婦の問題について話し、解決をめざすのではなく、子どもの言動から子どもの気持ちを理解すること、あるいは親子関係について話すことによって、子どもを発達方向に導き、子どもの問題を解決することをめざす。

注５　夫婦療法は、親ガイダンスのように子どもとの関係に焦点をあてるのではなく、夫婦互いの関係に焦点をあてる。夫婦間でいさかいを起こしているいくつかのことがら（社会的、感情的、性的、経済的など）について、二人の相互作用を心理学的に修正することで解決をめざす治療法である。

注６　家族療法は、家族成員が同席して行う治療法である。たとえば、子どもの問題（不登校など）は、家族内の相互作用の何らかの問題に定義しなおして、家族成員間の相互作用を変化させることによって、家族機能を改善させ、ひいては子どもの問題についても結果的に解決されることをめざす方法である。この治療では、最初に問題を持ち治療を受けることになった子どもは、ＩＰ（Identified Patient：患者とみなされたひと、問題を起こしているひと）とされ、治療は家族全体を対象とする。

冷静を保つというのは、誘い水をかけられて「カーッ」となって「ガガガガガガ」と親子でやり合うよりもよっぽど大変な仕事なんですよ、本当のことをいうと。

でも、そういう態度を保てれば、それで十分なんですね。それで子どもは、「これが親というものなんだな」とわかるわけなんですよ。

補足となることがら

今日の話で、ちょっと落ちてることで、今思うことを足しますと、子どもの衝動をコントロールする手助けとして、お小遣いを一定限度で制限しておくとか、一定の課題を子どもが果たさない場合には、子どもに何らかの特権を与えないとか、たとえばＴＶゲームをさせないとか、門限とかですね、そういう躾のたぐいが、付随して大事になってきます。

ただ、「じゃあ、お小遣いはいくらぐらいにする」とか、「これができたら何々はしてはいいけども、何々はしてはいけない」とか、そういったことばっかりに興味を向けるようになると、それはそれで、また、行きすぎちゃうんですね。

親が、適切な環境を与えている限りは、あんまりそっちの方にこだわらないものですよ。

だからうまくいっている子どもの場合なら、門限なんて言われなくたって、遅くなっても常識的な時間の範囲で帰ってきますし、自分に与えられるお小遣いの範囲でやりくりして、やりますしね。だから、あんまりそっちの方にこだわる必要はないというふうに、私は思っています。以上です。

第6講 早すぎる親との別れ

1 胎児・乳幼児の母親への愛着

母親は、安全基地

今日のお話は、「早すぎる親との別れ」ということですが、実際の別れだけを考えているわけではなくて、「あなたなんか親の言うことを聞けないんだったら、親の子どもじゃない」と言ったりするような、つまり、子どもが親の愛情を失ったんじゃないかなと思うのも、別れのうちですので、そのことも含めてお話をしたいと思います。

「愛着」[注7]という言葉があるんですけれども、これは、発達心理学とか、精神医学で使う専門用語です。これは、第二次大戦後、お母さんが、子どもを実際に、抱いて触れ合って、スキンシップを与えていかないと、赤ちゃんがまともに育たないということがわかって、それから発展してきた考え方なんです。

胎児の時代から、母親との間にはコミュニケーションがあるんですね。特に、赤ちゃんが生まれてからのコミュニケーションというのは非常に大事で、それで、子どもは、母親に情緒的に非常に強い結びつきをもつようになるんですね。その結びつきがあるからこそ、安心して、毎日を暮らせるというところがあるわけです。

その安心というのは、実際には中枢神経系の成熟って、生後まだまだ続いていて、そのことにも関係します。その時に安定した中枢神経系の状態が保てるというのは、非常に大事なことなんですけれども、それは実は、その母親との情緒的な結びつき、愛着によって確保されるということなんですね。だから乳幼児にとって、母親または母親代理でもいいんですけれども、安全基地なわけですよ。この基地があればこそ、赤ちゃんはすくすく育てる。

母親が乳幼児の安全基地になることで、はじめて赤ちゃんは自分に対する信頼感だとか、お母さんに対する信頼感、将来の自分やさまざまな人々に対する信頼感の原型が出来上がるわけです。

「自己像」と「分離の感覚」

それで、乳幼児期の親からの支えであるとか励ましであるとか、お褒めのことばであるとかですね、「それでいいのよ」という是認であるとか、あるいは「ダメじゃないの」という叱責は、子ども自身の自己像として記憶に残っていきます。

ですから、お母さんが励ましたように、将来、自分で自分を励ますようになります。お母さんがほめてくれたように、自分をほめることができるようになる、お母さんが自分を支えてくれたように自分を支えることができるようになる、というのが発達なんですね。

それで、自己像というのは、「これが僕だ」とか「私だ」とかいうものを言うわけですけれども、それはたった一つ固定してあるものではなくて、いろんな自分がありますよね。そういうものは、育っていくにつれてどんどん増えていくわけですけれども、そういう自己像がしっかりしてくると、「自分と母親とは、一体の存在ではなくて別々の人間だ」という「分離の感覚」が生じてきます。

分離の感覚がなんとなく子どもに感じられるようになるのは、赤ちゃん、乳幼児の観察研究によれば、生後十八カ月から三歳くらいまでの間に、徐々に徐々に分離の感覚というのがはっきりとしてくるというふうに言われています。

注7　愛着は、子どもが自身を世話してくれる主たる人物（母親あるいは母親代理）との間に作り上げる情緒的な結びつきである。それは子ども時代にだけ存在するのではなく、大人になってもずっと存在し続ける。愛着の性質は個々人で異なっている。その成り立ちについては、胎児時代・乳幼児時代からの母子間の情緒的な交流やその雰囲気に注目する研究や、愛着行動という行動システムに注目する研究がある。

2　分離・個体化[注8]（一歳半から三歳＋α）

それで、「分離・個体化」という言葉があります。

これも、子どもの発達の一つの側面で、お母さんと離れた自分ということです。

個体化というのは、私が私になっていくという、その過程です。で、一歳半から三歳までが分離の期間です。三歳を過ぎると、一応、お母さんとはっきりと別の自分だという感覚が出来上がって、その感覚のもとに、「自分はかくかくしかじかだ」という、個体化の心理過程が生まれてきます。

分離とは

それで、分離の過程というのは平坦な道をたどることもなくはないようですけども、多くの場合、子どもは「お母さんと一緒」っていう気持ちにも危険を感じるし、「お母さんと別々」という感覚にも危険を感じるという、非常に不安定な時期を通過することが多いようです。

それは、幼児が、「自分は母親とは別個の願望だとか、感情だとか、考えをもつんだ」ということに気づいていく。今までは安全基地でお母さんと一緒にいれば、それで安心ができたんだけれども、そこでお母さんの考えと対立する自分の考えをもつとか、「お母さんの願いと僕の願いは違うんだ」

とか、そういうことで安心の感覚が揺らぐわけです。
それで、「自分はお母さんと別個の存在なんだ」という想いをもつこと自体は発達の方向に進むものなんですけれども、その時に、発達の方向に進む時に、不安が生じるということなんですね。

再接近期危機とは

それで、生後十八カ月から二十四カ月くらいの間にしばしば観察されるんですけども、子どもが、お母さんのところに走り寄ってきて、「抱っこして」っていうふうに、言ったり、ジェスチャーでそれを伝えてくる。で、お母さんが抱き上げる。抱き上げると途端に、むずかっちゃって、「降ろせ降ろせ」と言い出す。降ろしてあげると、また一瞬遊ぶんだけれども、またお母さんのところに来て抱き上げてもらいたい。で、また「離せ」を要求するということで、非常に情緒的に不安定で不機嫌で、遊び

注8　精神分析研究者マーガレット・マーラー（一八九七—一九八五）らは、健康な母と子どもの相互作用を観察することによって、子どもの情緒発達が進んでゆく過程を分離・個体化過程と名付けた。実際には出生とともにその過程は始まっている。本書で皆川は、このこころの内面の発達段階のうち、およそ一歳半から三歳頃の、個体化をより発達させる前の過程、再接近危機を乗り越える過程について解説している。この時期、子どもは立位歩行という移動手段の獲得によって、目の高さが高くなるとともに、母親から物理的に離れる能力が急速に発達する。外界への関心が広がり、子どもの目の前の世界が大きくなる。その広がる世界に向かうことと、母親の愛情を保持できているか不安になることの間で、この再接近危機という局面が生じる。

に集中するということができづらくなる時期があります。

その時期を「再接近期」といいます。その時の子どもの非常に不安定な情緒状態の場面を、「再接近期危機」といいます。

これは、通常、子どもみんなに見られる過程だというふうに考えられています。ただその度合いが強い、お母さんと一緒でも不安だし、別々になっても不安だという、それで一日中むずかっているし、夜もなかなか安らかに眠れないというような、程度がきびしい子どもさんもいるということなんですね。

対象恒常性とは

再接近期危機というのを、子どもがどうやって乗り越えていくかというと、子どもが、だんだんしっかりした記憶をもてるようになってきて、お母さんの顔を見ていなくても、お母さんのやさしい顔や安全基地の感覚をともなってお母さんを思い出すことができる、そういう記憶を「対象恒常性」といいます。

この対象恒常性というのがふつう三歳前後に出来上がって、そうすると子どもは、自分がお母さんと別個でも、やさしいお母さん、自分に安心感を与えてくれるお母さんを思い浮かべることで、自分自身で自分に安心を与えることができるようになる。ということで、再接近期危機を乗り越えていくというふうに考えられています。

その時期に、幼稚園の三歳児保育が始まる。おもしろいですよね。だから、ちょっと情緒的な発達が遅れている子どもの場合に、幼稚園に入って、お母さんと一緒にいる分にはいいんだけれども、お母さんが幼稚園の教室から出ていなくなっちゃったりすると、泣きわめいちゃって、安定した気持ちでみんなと一緒に遊びをするということができない子どもさんも、たまにいるでしょ。

3　思春期は第二の個体化の時期である

個体化とは

個体化というのはさっき言ったとおり、「自分とは何々だ」という自己像の集合なわけですけども、この個体化というのは、「誰にも代えがたい大切な自分というものを、生涯を通じて発達させていくのが人間だ」ということなんですね。

思春期の個体化が強く進む時期も子どもは親を必要とする

この個体化は三歳児以降ずっと続くんですが、思春期には、その個体化が非常に強く進むとされています。

というのは、身体的な成熟がともなうからですよね。

最終的な自分の「からだ」というものが出来上がっていきますから、そこで個体化が非常に進むんですが、この時期を通して、子どもは親を必要とします。子どもの生活を守る役割だとか、発達を刺激する役割だとか、子どもにとっての理想や批判の対象として、居続けるという役割が親にはあるわけです。

再接近期危機の再燃

まあ現在は、個体化のストレスが高いですね。大学に入んなきゃいけないとか、短大に行かなきゃいけないとか、専門学校に行かなきゃいけないとか。そのために、思春期には個体化のストレスが強すぎるために、情緒的に子ども返りしてしまって、再接近期危機がもう一回活動するようになる。

だから、分離不安が非常に強くなる。お母さんをそばに置いとかないと、もう気が済まない。ちょっとでもお母さんが離れようとすると暴力を振るうとか、何でもかんでも自分の言うとおりに母親をコントロールしないと気が済まないとか、あるでしょ。夜中に、「これからセブンイレブンに行って、これとこれとこれを買ってこい」とか。「そうしなかったら殴るぞ」とかね。

結局、だから、自分が思うとおりにお母さんが動く、自分とお母さんは一体だという、そういった感覚を求めるわけですよ。求めながら、でも、イライラしちゃって殴ってしまったりするわけです。そういうのは再接近期危機がもう一回再燃してるんだというふうに理解します。

そこで、子どもの分離不安、高い分離不安を感じる親は、そこで一緒に親自身のもっている再接近期危機の不安、親自身の分離不安が賦活されます。刺激されます。お互い、親子ともどもイライラするし、オロオロするし、非常に不安定な心理状態に落ち込みます。その状態を「共生関係の渦巻き」

と言います。

要するに、洗濯機の、あの渦巻きの中に母子が巻き込まれて、息もできないという怖さを想像してください。思春期の個体化にともなって生じる子どもの分離不安と、親の分離不安とが作り出す、非常にきつい関係になるわけですね。

4　「早すぎる親との別れ」とは

「親に愛されていない」という子どもの主観も「別れ」のうち

ここまでは、「別れ」の話ではなかったんですが、ただ心理的に「分離」というのは「別れ」なわけですよ。今までは、お母さんと僕や私は一緒、同じ存在だと思っていた幼い子どもが、僕や私とお母さんは別の人間なんだと思う時に、お母さんとある種の「お別れ」をするわけです。

だから、人間の情緒生活の中では、実際に離婚するとか親族が病死するとかという、死別とか離別以外の、家族が一緒に暮らしながらお互いにお別れをするという場面はいくらでもあるわけです。

まあ理想的には、子どもが社会的に自立するまでの間、両親がそろって元気で達者である、ということが望まれるわけですけど、現実にはそればかりということではなくて、不幸にして病気で亡くなられる場合もあるし、別居されたり離婚されたりという、現実的な別れの場面もあります。

それから、一番最初に申し上げましたように、子どもが「親に自分は愛されてないんだ」と思った時には、それはもう、完全に別れが生じているということに等しいんですね。

子どもが作り出す、早すぎる親との別れについての「説明」

子どもは、なぜ親が死んでしまったかとか、なぜ親は別居してしまったのかとか、離婚したのかとか、なぜお父さん浮気したのとか、なぜ自分は愛されないのかといったようなことを、説明せずにはいられません。

たとえば、血液型による性格判断とかってあるじゃないですか。「なにか自分自身にレッテルを貼りたい」っていう気持ちが、私たちにはあるわけですよ。

特に、不安な気持ちでいる時に、その気持ちを説明することができないと、非常に落ちつかないわけですよね。だから、子どもが、親との別れ、いろんな種類の別れを経験すると、子どもなりにそれを説明しようとします。

子どもが幼ければ幼いほど、その説明は現実のことがらとは関係なく、非常に自己中心的な説明をすることになります。

たとえば、「お父さんが死んだのは僕が死ねと願ったから、だからお父さんは病気になって死んだんだ」という説明をします。「お父さんとお母さんの仲が悪いのは、僕がお父さんとお母さんの仲が悪くなるように神様に頼んだからだ。だから、お父さんとお母さんの仲は悪いんだ」というふうに説明します。

結局、子どもたちは、その別れが生じたのは自分が悪いんだ、自分の側に原因があるんだという方向で説明をするものです。そのため、自分が罪深い存在だというふうに思いこみます。これが、「神経症的な罪悪感」と言いますけれども、誰にでも部分的にはある気持ちです。

だから、おとなになる前に、「自分は生きていてもいい存在なんだ」っていうことを、なかなか思えないで苦労するっていうことがありますよね。青年の時代に、死を考えるとか、自殺を考えるとかっていうのは、そういう気持ちがあってのことだというふうに、一般には、というか精神療法の世界では、理解しています。

神経症的な罪悪感とその影響

で、この神経症的な罪悪感が、つまり、自分で意識はしていないけど、心の奥底の方で自分をとがめる気持ちが強ければ強いほど、子どもは自分の幸せに向かって努力をすることができないんです。

私が児童精神医学の研修医の時代に、研修を受けたのはアメリカですけれども、当時は離婚流行りでしたからね。「人間、離婚しなければ一人前でない」っていう勢いでみんな離婚していたので、子どもがおかしくなっちゃうんですね。親の離婚話の間で。

来る子も来る子も、みんな、「僕が悪いから、私が悪いから、パパとママは離婚するの」の世界でしたよ。

そういう気持ち、自分の「後ろめたいな」と思っているらしいことがらについて、あれこれと考えることは、ほんとうに安心のできる場で、ようやくできるんですね。そういう、「ひょっとしたら自分が後ろめたいんじゃないか」「ひょっとしたら自分が罪深いんじゃないか」と思うような話を、親とするということはほとんどできない。

親に対しては、隠さなきゃならない。それが、実際、子どもが精神療法を受けなければいけない理由の大きな部分なんですね。

それから、そういう気持ちを感じたくないばっかりに、「早く俺は一人前になるんだ」「早く私は一人前になるんだ」という動きも起こります。

ただ、十分な準備がないままに社会的な自立を試みれば、必ずとは言いませんけれども、多くの場合、ころぶんですよね。痛い思いをします。痛い思いをすることで、自分が、知らず知らず、無意識のうちに抱えている罪意識を償うわけですよ。

その罪意識というのは元来、罪と思わなければいけないようなことがらではないわけですね。実際に、「その親が病気で死ぬのを子どもが願ったから、親が病気になった」とか、「子どもが願ったから夫婦の仲が悪くなった」とか、そのようなことはありようのないことなわけです。

ですから、元来、罪深く感じなければいけないことではない、そういうふうに感じる必要のないことを感じてしまっていて、それでその罪を償うために、自分に痛い思いをさせるということなんですよ。

こういうことですから、早すぎる親との別れというのは、言ってみれば、ちょっと叱り方がきつ過ぎるところでも起こるわけですよ。それがつら過ぎると、いくら叱ってもなんとも響かないような顔をして、親をさらにイライラさせるような坊やの心の動きも生じるし、ちょっとしたそういう性格の傾向なんかも作り出すわけです。

5　親としての心得

無意識の罪悪感を意識化する作業を、親が援助するのは誤り

こういう早すぎる親との別れに対して、親として何を心がけておけばよいかということですけれども。

無意識の罪悪感を意識化する作業を、親として援助しようとすることは間違いです。それはしちゃいけない。ただ、そういう心理が子どもに作動しているかもしれないということは、知っておいてください。

そして、またご自分自身の中にそういう本来償わないでもよいはずのことについて、ついつい償ってしまって、自分自身に痛い思いをさせる傾向があるかないかのチェックはしてください。

子どもが主観的説明をする必要がないように、事実を説明する

それから、片親が死んだ場合とか離婚の場合など、子どもが、主観的な説明、自己中心的主観的な、元来とは全く違った説明をする必要に迫られないように、実際のところを子どもに説明してあげる。だから、子どもに「私の側につくのよ」という説明をしてはダメですよ。中立の立場での説明をするっていうことですね。

「私の側につくのよ」という説明がなぜいけないか。母親に「私の側につくのよ」って男の子が言われれば、ま、言わば、女性に言い寄られてるに等しいんですよ。それで、自分の安心の、最初の基地である母親にそういうことばを投げかけられれば、喜ばない男の子はいないわけです。大喜びするわけです。

そうすると、「お父ちゃんさえいなければ、僕はお母さんをいつも独占できるのに」と思って願っていた、お父さんを抹殺したいという願いが実現してしまったというようなことになっちゃうんです。そうすると、子どもの無意識の罪意識というのはがっちりと出来上がっちゃうわけです。だから、「私の側につくのよ」というような説明は、しないでくださいということなんです。あと、夫婦仲を子どものせいにはしないでほしいということなんですね。これが早すぎる親との別れのお話です。

離婚しても親との接触を保つ

それから、もうちょっと足すとすれば。夫婦が離婚すれば、他人同士になるわけですよね。で、それはそれでいいんですが、親子関係というのは変わらないわけです。夫婦は別れても、親子は親子ですね。

だから、離婚や別居によって、夫婦関係は変わっても、親子関係はなるべく変わらないように配慮するというのは大事になります。

昔はアメリカでも、親権をもった親が子どもをずっと抱きかかえてしまって、親権をもたなかった親は、子どもに会うことができないということがあったんじゃないかと思いますけれども。そういうことでは、子どもの発達上まずいんだという認識が、一九七〇年代以降出てきました。

よほど、一緒に暮らさなくなる親に重要な問題、たとえば、子どもを殴ってしまうとか、レイプしてしまうとか、そういうよほどの問題がない限りは、親として子どもに会う権利というものは、与えられるようになったんですね。日本でもだんだんだんだんそっちの方向に来ていると思いますけれども、それは大事なことだと思います。

神経症的な罪悪感についての補足

たまに、夫婦が激しい争いをしているのを、夜、突然目が覚めて聞いてしまったような子どもの場合に、子どもは「お父さんとお母さんは何であんなふうになっているんだろうか」ということを、その時にもう説明します。自分自身に対して説明せずにいられない。

その説明というのは、実際の親がケンカしているそれぞれの言い分とは全く関係のない説明をするんです。「全部、自分が悪いから」というところにいきます。そういうもんだと思っててください。

けれども、まあ、ある程度、こういうものが人生には必要なんですね。たとえば、彼氏が「君がいるから僕は一生懸命やる気になるんだよ」とか、「だから結婚してくれ」とか言ってくれるじゃないですか。そうすると、「自分は生きていいのかしら悪いのかしら」とか思って、はっきりしなかった自分がですね、彼氏にそういうふうに言われて、「自分がいるおかげで彼氏が一生懸命やれるっていうことなんだから、私は生きてていいんだわ」という気持ちになれて、それで、ふたりの人生が始まるわけですからね。

その神経症的な罪悪感は、多少のものはもってる必要があるんですよ。そうじゃないと、恋に落ちる必要もない、ということです。

参加者：「無意識の罪意識を意識化する作業は親として援助するのは誤まり」だということですが、この作業というのは具体的にどういうことをするんですか？

これは精神療法をやっていて、その中で、そういう感覚がことばになって出て来るんです。

いわゆるカウンセリング、精神療法です。

カウンセリング、精神療法の、半年とか一年とか二年とかの長い流れのなかで、その輪郭が、セラピストに見えるようになるんです。それをセラピストは説明する。説明された患者さんなり、クライエントは、「ああ、そういうもんなんだ」というふうに腑に落ちる。「そういえば、自分はこういう時に知らず知らずのうちに自分が痛い思いをするようなことをしでかしてきた」という、いくつかの人生のなかでの出来事を思い出してくる。そして、「あ、そういうことだったんだな」とわかってくる。

それを無意識の罪悪感といいます。

参加者：それを親としてはできない？

息子や娘にそういう罪悪感がきっとあるに違いないから、何とかそれを聞き出そうとかね、そういうことはしてはいけません、ということです。それを親ができるかというと、できないです。それを癒すのは、伴侶とか恋人ですから、親の役割では、もうないんです。

もし親が聞いたら、子どもの具合が悪くなるでしょう。あるいは、自己処罰の方向に事が動きます。言葉では思い出さないで、行動で自分を罰さねばならないと、自分を破滅させる方向に動くこともあります。

例えば、家庭内暴力が悪化している場合、どんどん悪化していくような場合というのは、罪意識がどんどん子どもの側に増えていっています。親御さんが、知らず知らずのうちに子どもの無意識の罪意識を刺激している可能性があるんです。そういうことがあった場合には、専門家に相談するのが早いの。だから、ここのグループに来るのがいいの。

参加者：子どもが成長するのを待つしかないということですね。でも、親が罪悪感を持たせてしまったのだとすれば、もたせてしまったのは私とすれば、意識化してなくなってほしいな、みたいな。

大丈夫ですよ。みんなそうなんだから。

それから、やっぱりひとつ、納得しておくことが大事だなと思うのは、親として最善を尽くすことはできるんだけれども、その最善を尽くすということで完全な親であり得るかというと、それは絶対ないです。絶対ない。

完全な親なんていうのは、考えの中であり得るんであって、現実の親っていうのは、いいところもあるし至らないところもある。それが親だっていうことなんです。「それで親はいいんだよ」という気持ちを親自身が自分にもてるということは大事だと思います。そういうふうに親が思えるということが、親自身の無意識の罪悪感が癒されるということです。

第7講 親の夫婦関係と子どもの発達
――少しだけ夫婦仲をよくするために

1 恋愛・結婚の動機

今日は夫婦関係と子どもの発達ということについてお話しします。

今までのお話で十分おわかりと思いますけれども、夫婦関係の中で子どもは育ちます。子どもは親の姿を見て育ちます。親に躾けられて育つ部分は、もちろん重要だし、あるわけですけど、それによって子どもが育つ部分よりは、親の姿を見て、その親に憧れて育つ部分の方が、ずーっとずーっとずーっとずーっと、大きいんです。

だから夫婦関係が平穏無事で幸せであれば、子どもさんがそんなにつっかかることはないんですね。

夫婦関係に何かきしみがある場合に、子どもさんがそこで引っかかってしまうということが、まあだいたい例外のないところだと思います。

「それじゃ一体、夫婦関係のいい夫婦がどれくらいいるのか」っていうと、調べたことありますけれど、子どもの目から見て「両親が夫婦として幸せだな」と思っているような夫婦関係というのは、そんな多くないです。大体、三分の二くらいは、子どもの目から見て、「うちのお父さんとお母さん、よく夫婦やってるよ」と（笑）、思われているんですよ。それも、調査対象は、問題を起こしている子どもさんのご家庭について調べたのではなく、普通の学校に行っている子どもたちを対象にして調べたんですけどね。

私に言わせれば、仕事をしっかりやっていくことと比べて、家庭生活をしっかりやっていくということはもっと実は難しいことです。

一番最初の講義で申し上げましたけども、昔の大家族においては、夫婦関係なんていうのはまあ、あってないに等しかった。夫婦の愛情関係なんていうことは、この五十年で問題になってきているわけでして、それは非常に難しいんですね。そういう難しい結婚に、なんで私たちはドボンと飛び込んじゃうのかというお話を、まず一番最初にして、最後に、夫婦関係を改善するノウハウをお伝えします。

2　無意識の動機は何から成り立っているのか？

精神分析理論による「相手を選ぶ力」

恋愛とか、結婚とかする場合には、定まった誰かを相手に選んでいるわけです。そこで、「どうして自分の伴侶がこの人なのか」「どうして自分の恋人はこの人なのか」という、相手を選ぶ力は一体何なのか、ということですね。これは決して合理的な、冷静な判断によっているのではないことは明らかです。

世の中で、自分の理想的な結婚相手、「理想的な夫とは、理想的な奥さんとは」というようなことは、「一番なになに、二番なになに、三番なになに」と、昔よく言ったもんですけどね。実際に結婚する時そういう相手を選んでいるかというと、そんなことないんですね。

誰にでも、決まったタイプの人に惹かれる力っていうのがあるんです。いったんその力が働きだすと、なかなかブレーキが効かなくなるわけです。よく「恋は錯覚だ」とか言うわけですけれども、錯覚というか、冷静な判断に基づいた行動ではないという意味では錯覚なんでしょうけれども、それがそもそも無いと、結婚に踏み切るっていうことは起こらないんですね。

「じゃあいったいどういう力が、自分をして決まった相手を選んでしまうのか」という、その力は、本人の意識に上るものじゃないんだ、という考えがあります。自分の中に、一定のタイプの人に惹かれる力が出来上がっている。その力を「無意識の動機」と言いますけれども、こういう無意識の動機っていうのが、いったいどんなものから成り立っているのかというのを少しご説明します。

精神分析の理論ですので、それが絶対正しいというわけではありません。一つの考え方としてそういう考えがあるというふうに思ってください。

一つの考え方はですね、誰にでもですね、大人ですが、誰にでも右に行くか左に行くか迷ってしまう、右に行きたい気持ちも左に行きたい気持ちも等しくある、それを「葛藤」と言うわけです。けれども、そういう自分の中に正反対に動いてしまう力があるんだっていうことに気づいていない。自分で気づいてはいないけれども、そういう部分が心にはあるんだって言うんですね、精神分析では。

この無意識の葛藤っていうのが、救いを求めて恋愛対象や伴侶の選択をするんだっていうんですよ。たとえば皆さん、ずーっと若かった頃に、惹かれた異性、何人かいらっしゃると思うんですけれど、その異性に共通する、あるいは現在の夫、あるいは現在の妻に共通する点は何かと考えられると、ご自分が惹かれる一定のタイプって見えてきます。

この無意識の葛藤っていうのは、自分ではどんな問題かっていうことがわからないんで、理性的に冷静に考えて、どっちにするのか、右に行くのか左に行くのか、十分に検討して行動するっていうことはできないわけです。

だから、無意識の葛藤というのは大人になってもまだ未熟なままでいる、自分の部分なんですよ。どんなに素晴らしい大人でも、完全に理想的に大人になりきっていて、未熟な部分が何にも残っていないっていう人は、いやしません。どんなに健康だっていう人だって、必ず未熟な部分、短所、欠点の類はあるわけです。

青年期に、無意識の葛藤っていうのは、できるだけ意識化して、それを一つずつ解決して、「自分は、こういう大人としてやっていくんだ」っていう選択を、次第次第にしてくるわけですよね。でもすべての無意識の葛藤を自覚して、それで進路を決めるなんてことはできないわけで、そういった中で無意識の葛藤っていうのは、「あ、こんな自分ってダメだな」とか「俺って悪いやつだな」とか、「私って生きていていいのかしら」とか、そういった不安を生み出す素でもあるわけですね。

そういう気持ちを和らげるためには、誰かが必要なんです。「君ってなんて素晴らしい人なんだ」「あなたってほんと、強い人なのね」「君ってなんて優しいんだ」とかね、そういった想いを相手がもってくれることで自分は救われる、自分はこれで、この世の中に「誰々さん」として生きていいんだ、っていう想いをもてるようになるんですね。相手無しではその気持ちはなかなかもてない。というところで対象選択は起こるわけです。

「依託型」「自己愛型」、二つの対象選択法

その対象選択は、うるさく言うと、「依託型の対象選択」というのと、「自己愛型の対象選択」というのがあります。

依託型っていうのは、恋人に対して自分は子どもの立場に立って、相手に養育されることで、幼稚

な部分をもつ自分が育っていく、というんですね。だから自分の気持ちを素直に相手に喋れる、取り繕うことなくありのままの自分っていうのを見せられる、それで安心がゆく、だからこの人がいいんだっていうのが、対象選択の中でも「依託型の対象選択をしている」ということなんですね。

自己愛型の対象選択っていうのは、相手を人扱いしていない、鏡扱いをしているっていうんですね。「どう？　私って素敵？」「私って綺麗？」「私って優しい？」とか、鏡に向かって問うわけですよ。それで、鏡に映っている自分の姿を見て、「あ、これでいいんだ」と思う。それが、自己愛型の対象選択なんですね。

どの対象選択にもこの二つの部分、依託型の対象選択の部分と自己愛型の対象選択の部分があるわけですけれど、自己愛型の対象選択の部分が強いと、伴侶を人間と認めない部分が多い。「鏡としてあなたは機能してりゃいい」ということになるんで、夫婦ゲンカの種としては、どっちかというと、自己愛型の対象選択をしている部分で夫婦ゲンカは起きやすいです。

自分がたくましく、信頼感の高い男性であるというふうに鏡として映して欲しいと思っている男性が、恋人なり伴侶なりという鏡を通して映る時に、自分の思うように映らないと、もう、気に入らないわけですよ。だから、「相手の気持ちを思う」ということが自己愛的な対象選択にはないんです。

自分が子どもになって、相手を大人としてみなして、「自分の弱いところを育てて欲しい」っていう場合には、子どもとしての親に対する思いやりなり、慮《おもんぱか》りが起こるわけです。だから相手の気持ちをくみ取るというところがありますから、夫婦関係としては、ケンカが起こりやすいのは自己愛的な対象選択の部分なんです。だけども、親子ゲンカだって起こるわけですから、依託型の対象選択の部分で衝突が起こるっていうことが「全くない」っていうわけではないんですけれども。

3　結婚後はじめての夫婦ゲンカ

「対象選択の動機が満たされない」ことから起こる

いずれにしても、こういう、自分が育ちきれていないところでどうしても相手を必要として、相手を選ぶわけで、やっと「これで自分が一人前の大人になれる」とか、「幸せになれる」っていうことで結婚生活に入りますよね。その期待が裏切られる時に、結婚後の初めての大きな夫婦ゲンカが起こります。これは必発します。

だいたい覚えていらっしゃるでしょ、皆さんも。「結婚して最初の大ゲンカ」。これがすごく重要なわけですね。つまり、自分が相手に抱いた期待があって、その期待が落胆に変わる時、裏切られた感じになる時に、相手を許せないと思うって当たり前ですよね。自分は「これはまた、繰り返しの失敗をしちゃったよ」ということで、自分を責めたり、自分の気持ちが落ち込んでしまったりということが起こるわけですよね。相手に対して非常に冷たい気持ちになるし、責めたい気持ちでいっぱいになるわけですね。

夫婦不和の根は、夫婦それぞれの無意識の葛藤

夫婦ゲンカはいろいろなことで起こると思いますけれど、重要な夫婦ゲンカっていうのは一番最初の夫婦ゲンカなんですね。これが姿を変えて繰り返すわけです。しかも、夫婦ゲンカの種は、夫側に一つ、妻の側に一つあるわけです。それは、自分が、「自分自身では解決しきれないから、この人と一緒に、この人の力を借りて、一人前の人間として、自分として受け入れていこう」というところで結婚するわけですから、そこで相手に対する期待が、失せてしまう。自分が、本来責任をもたなければいけない部分を相手に預けてしまっていて、それで途方に暮れてるわけですから、自分の側にも常に原因があるわけですね。

でも、夫婦ゲンカを普通にやっている場合は、自分の側の原因なんて目はいかないでしょ。常に、「あ、この女房が悪い！」「この夫が悪い！」っていう、そのせめぎ合いだけですよね。「どうしてあんたはこうなのよ！」「どうしてお前はこうなの！」っていうだけのことですよね。常に相手を責めたくなる。でも実際のところは、その夫婦ゲンカを起こす原因の半分は自分にある。これは非常に重要な点ですからよく覚えておいてください。

4　子どもが夫婦ゲンカに巻き込まれると

この夫婦ゲンカでたまらなくなった気持ちを、夫婦の間で解決できれば理想的です。でもそうい

うことはなかなか起こらない。どっかで相手の「こういうところが許せない」「これは認められない」というところは、「怒るのも馬鹿馬鹿しいからどうでもいいや」と、期待が満たされなくなっちゃった部分については、別のところで満たしてしまう。

お母さんの場合には、子育てという楽しい仕事がありますから、まあ大変な仕事ですけれど、夫との間で満たせなくなっているお母さんの願いは、子どもとの間で満たしてしまう、ということがよく起こります。

父親の場合には、外で働いている時間が長いし、実際に父親のお腹の中から子どもが出てくるわけじゃありませんから、お母さんほどに夫婦の間で満たしたかった自分の願いを子どもとの間で満たすということは、あんまりないです。代わりに、仕事に熱中する、職場で認められる、というところに行く人が結構多いと思う。それから浮気。それから浮気相手にもなってもらえない、相手がいない、というところでお酒、あるいは博打にのめり込む、ということが多いと思います。

ケンカの強さはその夫婦によっていろいろでしょうけれども、お父さんお母さんの、ケンカしてどうにも埋めようもなくなっている溝の部分の中に、子どもが巻き込まれます。子どもの前でケンカするのをやめていようが避けていようが、お父さんとお母さんの間でそういう部分で冷えちゃっている部分があると、子どもは非常に敏感で、そのケンカの中に巻き込まれます。

子どもの気持ちの中で、男の子であれば、「お母さんに一番愛される存在でありたい」という男の子の願いがありますから、お父さんがあんまりお母さんに愛されていないとなると、「僕が、一番お母さんに愛される男になろう」という隙間ができるわけです。そして、そこに入り込みます。言って見れば「父親、母親、息子」という関係が三角関係なんです。

そうすると、父親から見て息子っていうのは、妻と息子のやりとりを見ていると、妻が自分には見せないような幸せなそぶりを息子との間では見せる、そうするともう父親は、息子のこと、もの凄いヤキモチを焼くわけです。「なんで、俺がこんな嫌な思いをしながら、こいつの飯のために、こいつを育てるために働かなきゃならんのだ」っていうことで、息子に冷たく当たるとか、意地悪をする、あるいは、したいという気持ちが強くなるわけですよ。

多少のわきまえがある父親であれば、そういう自分が息子に近づくのは怖いわけですよ。だから父親として、息子との距離を逆に取ろうとする。息子は息子で、「父親の女を俺は取っちゃったよ」ということになりますから、そこまで意識する子はいませんけれど、お父さんのことが、うっとおしいんじゃないんです、「怖い」んです。非常に怖い。

その怖い気持ちっていうのは、お父さんに対してだけ感じるんじゃなくて、たとえば学校で、お父さんを現すような先生だとか、上級生だとか、あるいは同級生でも自分よりもでっかい顔してる男の子が非常に怖く感じられたりもするんです。

女の子の場合には、溝にはまって、親の夫婦ゲンカに巻き込まれる様式は大きく分けて二つあります。

一つは、やっぱり「お父さん、お母さん、自分」という三角関係に入る図式ですね。だから、「お母さんに比べて私の方がずーっとお父さんのお気に入りなんだ」「お父さんはお母さんには優しくないけど私には優しい」というところで、もの凄い喜びを感じるわけです。と同時に、お母さんが、そういうことでヤキモチを焼く、で、お母さんとの間ですごい対立関係を起こす、あるいはそういう対立関係になるんじゃないかと思ってお母さんのことをすごく怖いと感じる。学校に行っても、女の子同士の関係というものが、男の人をめぐった三角関係になることをいつも心配して、女の子同士の仲間に入りにくい。気楽に過ごすためには、女の子の中にいるよりは男の子と一緒にいた方がまだましっていう、そういう感じになるのが一つの様式であります。

もう一つは、「男っていやね！」っていう、お母さんと娘の関係にはまり込むことです。これは昔の村ではよくあったことですけど、「男組」「女組」「嫁組」、「おばあちゃん組」「おじいちゃん組」っていうことで、だいたい昔は同性同士がずっと一緒にいて、異性っていうのは子どもを産むためだけにある、セックスのためだけにあるっていうような時代があったわけで、それと同じようになるということですね。今は男女がうまくやっていけないと、なかなか難しい時代になっちゃってるわけですけれど、にもかかわらず相変わらず「男っていやね！」という、女のよしみのところでのみ安住できるっていう、お父さんだけがはじき出されるっていう様式があります。

いったんそうなった場合に、親は、自分たち夫婦のあり方の具合が悪くて子どもがこうなってしまって申し訳ないと思うし、それをなんとか直して子どもがよくなってほしいと願うわけですけれど、実際に両親の夫婦関係が良くなるだけで子どもの問題が全部解決するかっていうと、しないことが多いです。

なぜかっていうと、子どもは子ども自身で、お父さんとお母さんの仲が悪くなったのは「自分のせいだ」という思い込みが、通常できるからです。「自分が、お父さんとお母さんの仲を悪くすることができるんだ」と、実際以上に自分が悪い存在だっていうふうに思い込んでしまう。そういった思い込みが修正されないと、「ご両親の夫婦関係が改善しても子どもの問題は相変わらず続く」ということがあるんですね。

そういうことがあるんで、子どもさんに対してのカウンセリングだとか精神療法だとか、あるいは集団療法だとか、という治療の方法が用いられる、ということなんですね。

5　夫婦仲を少し良くする方法

伴侶の欠点・短所の詮索を止める

最後に、夫婦の仲を良くするにはどうすればいいか。

だいたい子どもが問題を起こしてくれるっていうのは、お父さんとお母さんが仲良く、仲直りする、いい機会なんですね。子どもが与えてくれる絶好のチャンスなんです。

何回も言ってきてますけれど、子どものことに関しては、夫婦として手をつなぐんではなくて、父親母親として手をつなぐわけですね。父親母親として、ケンカをしない。子どものことでケンカをしないということが、まず大事です。それが一番大事です。

二番目が、先ほども申し上げましたように、夫婦ゲンカをすると相手の悪いところばっかりが目につくし、そういうところばっかり詮索するようになるわけですね。けれども、それをしている限り夫婦ゲンカは収まりません。まあ、確かに、伴侶を責めたい気持ちは当たり前な気持ちで、それを否定する必要はないのかもしれないです。ただ、夫婦仲を良くしようと思う場合には、責めたい気持ちに歯止めをかける、コントロールするということが大事になります。

自分の側の問題を理解する

詮索する場所を、相手ではなく、自分の心の内側に変えてください。

「なぜ自分は伴侶の、かくかくしかじかについて、不満を抱き続けねばならないのか？」。常に夫のある部分について悩むわけでしょ？　夫のある部分、あるいは妻の部分について悩む、悩み続けなければならないのはなぜかと、自分の側の問題に目を向けてください。自分がなぜ、繰り返し、同じ不幸を相手との間で起こさねばならないかということに気がつくと、夫婦仲が良くなります。お互いに、二人が、同時進行でその営みに着手すれば、夫婦仲が良くなります。

なぜかといいますと、妻は、夫を変えることはできないんですよ。夫は妻を変えることはできない。人は他人を変えることはできないです。でも、人は、自分を変えることはできるんです。

「性格は治らない」とか「変わらない」とか言いますけれど、あれはウソです。自分のある部分を変えるということは十分可能なことなんですね。だから自分がどういうことで、ついつい相手に対してがっかりしてしまうか。がっかりする時に自分がどんなことをして、相手がそういう行動に最終的に出るのか。それが見えるようになれば、そういう、相手に仕掛けていく自分というものを、変えることができるわけです。

たとえば、夫の場合、「なぜ自分は自分の母親の欠点が見えないのか」。嫁さんの欠点はよく見えるんだけれども自分の母親の欠点は全く見えない。それは奥さんにしてみると、「夫はいつも自分よりも夫の母親のことをより素晴らしい女性だと思い込んでいる」ということで、奥さんにしてみれば面白くないわけでしょ？　だから奥さんが、必ずどこかで夫が不幸だと思うようなことを仕掛けるわけですよ。

まあ世の中の男性、私も含めてですけれども、自分の母親の欠点ていうのは、なかなか目が向かないもんなんです。なぜかっていうと、お母さんと幼稚園の子どもって、相思相愛の仲でしょ？　最初の恋人なんですよ。大ゲンカをして、その恋人と別れてきたわけじゃなくて、たまたま母親は自分の結婚相手にならないから結婚してないだけですからね。

母親に幻滅して、それで母親を捨てて、奥さんと今日の生活をしているわけじゃないんですよ。だから、「恋人のアバタはえくぼに見え続ける」ということが起きてしまうんです。そのことに夫が気づけばいいんです。でも、奥さんが「気づきなさいよ！」と言ってる限り、夫は絶対に気づきませんから、奥さんは言っちゃダメですよ、それは。

夫自身が、そういうことで、実は自分と自分の妻との間がなかなかうまくいかないんだなっていうことに思い至って、そして、「なんで自分は奥さんが言うような、自分の母親の欠点に目がいかないのか」と。奥さんが自分の母親の欠点について何か喋り出すと、自分は不機嫌になるし、奥さんの欠点ばっかり目立っちゃって「うちのお母さんの方がずっといい」「僕のお母さんの方がずっと素晴らしい女だ」って思っちゃう、それはどうしてなんだ、それは恋に冷めてないからなんだなっていうことにだんだん気づいていく、ということが大事だというわけです。

同じように、妻の掃除嫌いでも、料理嫌いでもなんでもいいんですけれども、そういう妻の欠点をいつまでも受け入れられないのはなぜなのか。愛するっていうのは、「相手の欠点も含めて、相手を受け入れる」ことですよね。だから、「掃除が下手だ」とか「料理が下手だ」とかね、「汚いのを気にしない」とかですね、そういったことにいちいち目くじらをたてること自体、夫は妻を愛してることにならないわけですよ。どうして、ある短所をもつ妻を受け入れられないのかっていうことに、想いを馳せる必要があるということです。

奥さんの場合には、よくあるのは、「なぜ自分は夫の母親の目が気になるのか」と。これはもう、結婚したら、お嫁さんはお姑さんのことをもの凄く気にするのは当たり前なんですね。気にしないお嫁さんというのを私、見たことないですよ。お姑さんの目に自分がどう映るかってもの凄く気になるでしょう。それは実際には、「夫にとって自分が一番！　姑が二番！」というがっちりした自信がないからです。

言い換えれば、「女として、自分のお母さんが一番で、自分は二番」という、母親離れがまだできていない自分がまだ残っているということです。それに気づく必要があるということですね。あるいは、「どうして夫の浮気を防止することができないのか」「どうして女同士の方が気楽でいいと思ってしまうのか」、そういう自分の内側の問題を理解していく、ということなんですね。

それができてくると、また再び、伴侶のことが、伴侶のアバタがえくぼに見えるようになりますよ、ほんとに。

夫婦仲改善の子どもへの影響

そういう姿を見せることは、子どもさんが一人前になっていく上では、すごい力になることは確かです。ずうっとケンカをしっぱなしでいると、子どもにとってみると、「自分がどんなに頑張って大人になっても、こういう親のように幸せじゃない一生を送るんじゃないか?」と。

親以外に、身近に、子どもが観察している人間なんていやしないわけですよ。だから、「親の一生が人間の一生だ」ってふうに思いがちなんですね、子どもは。だからお父さんやお母さんが不幸せな毎日を送っていると、「どんなに頑張ったってこういう不幸せな一生しかないんだ」「じゃあ、そんなんだったらやったってしかたないじゃないか」「やる気が起こんないよ」ということが起きがちなんですね。

だから、親御さんが、子どもさんに問題が起きた時に、それまでちょっと二人の間で冷えていた部分について、もう一回あったかくなるということは、子どもさんがやる気を起こして、自分の人生に取り組んでいくという力添えになります。

自分が惹かれて、他のたくさんの異性がいるにもかかわらず、この人と結婚したというだけの理由が十分あるわけで、もう一回、年老いていく前に、そのかつて惚れ込んだ相手に惚れ直すということは、不可能では絶対ないです。可能です。なぜならば昔惚れたことがあるのだから、ということです。

第3章　問題行動への対処

第8講　不登校への対処

1　不登校（登校拒否）とは何か？

多くの要因があって生じる不登校

不登校への対処というテーマでお話をします。

不登校とか、登校拒否、これは一体何かということですけれども、簡単に言ってしまうと、心の問題で学校に行かなくなっている状態です。戦後、アメリカで最初に報告されて以来、日本でも昭和三十年代以降、増加傾向にあります。

登校をなぜしないのかということですけれども、登校することを考えたり、あるいは学校だとか、学校の先生だとか、友だちだとかクラスなどを思い起こすと、不安が高まるということで学校に行きづらい、ということが多分あるんだと思います。

じゃあ不登校がなぜ起きるのかということですけれども、「その原因は一つ」ということは、「絶対に」と言っていいくらいにないと思います。多くの要因が重なりあって、初めて生じる現象だというふうに考えてください。

「重層決定」[注1]という言葉を精神科では使います。いろんなことが重なりあって、それで学校に行けなくなるということですから、原因を求めるということには限界があるわけですね。

学校で何か大きな出来事があって、それに対して学校も対応してくれるというようなこと、原因の中のある一つを除去することで回復するということも、ないことはないんですけれども、本質的にはいろんな事柄が重なりあって、本来行くべき学校に行けなくなった、ということです。

子どもが、学校に行くことで不安を感じるわけですけれども、その不安を自分なりに乗り越えて、それで成長していくっていうことが、本質的な解決だということになります。

2　本人は不安の詳細について、理解しているか？

自律神経系の症状

それでは、本人が感じている不安というのはどんなもので、それを本人は本当にわかっているのかということですけれども、結論から言ってしまいますと、不安っていうのは「対象がはっきりしない恐れ」なんですね。「ソワソワする」、「落ち着かない」、「何か怖い感じがする」というのが不安なんですけれども、それを起こしているものが何かということについて、本人にはわかっていない。だから、「学校に行くのが不安だ」といっても、本当に学校に行くことが不安かどうかは、わからないんです。

その不安と言うのは、自律神経系の症状として身体に現れます。緊張感とか、過呼吸であるとか、脈が早くなるとか、胃が痛くなるとか、吐き気がするとか、下痢があるとか、立ち眩みだとか、胸の苦しみとか、睡眠障害であるとか、そういった身体の不安定な状況として、不安は本人に体験されています。

理解するよりは不安回避

では、「一体全体、自分が身体に失調をきたすような不安が、どんなことから起きているのか」ということを本人が理解していくには、その不安がさらに高まるという体験をする必要があります。それなくして、不安を本当に理解するということはできません。

だから、理解するよりは不安を回避してしまいたい。そこで、「自分が不安になるのは、かくかくしかじかという理由があるからだ」という言い訳を、本人なりにやってしまって、それで不安を、不安の本体を見ないで済ませてしまいたいというのが、人間の共通する心理です。だからこそ、「自分

注１　ひとの行動や、精神症状、夢などは、無意識のさまざまな要因が重なり合って決められるという意味の用語。精神分析の創始者フロイトが最初に使った言葉。

の不安が一体何なんだ」ということがなかなか本人につかめない、理解できないということなんですね。

子ども返り（退行）

そういう不安が高まった精神状態を、ずーっと維持していくということは大変なことなわけですね。そこで、子どもは子どもなりに、不安を解決することはできないまでも、不安を軽く感じるように、心が動きます。通常何が起こるかというと、子ども返りします。それは「退行」と言いますけれども、子ども返りするために、子どもが元気で暮らしていた頃と比較して、子どもはずっーと優柔不断になったり、頑固になったり、甘ったれになったり、怒りっぽくなったり、いらだったり、衝動的になったりするわけです。

それは子どもの性格ではありません。そうじゃなくて、不安に耐えられないから子ども返りをする。子ども返りをすれば、今までの成長過程で、自分なりに鍛えてきたり、お父さんやお母さんを見習って、あるいはお父さんやお母さんのしつけに従って、だんだん大人としての自分に近づいてきた、その子が、また幼児に戻っちゃう。我儘なことを言う。わけの分からない理不尽なことを要求するようになる、まぁそういうことなんですね。それを決して我が子の性格だと思ってはいけません。

途方に暮れて暗くなる、将来への見通し

子どもは、そういうことで子ども返りをしているわけですけれども、その中で、「自分がなんで普通の子どもと違って先に進んでゆけないのか」ということは気になるわけですね。子どもにとっては一番大変なことなのです。心配なことです。「みんなと同じぐらいに大人になっていける」というところで初めて安心がいくわけですから。

だから、その時に自分が一人だけ学校に行けないで、家の中でお母さんにクダをまいてみたり、乱暴してみたり、やりたい放題のことをしていても、それでいいとは本人は思ってないんですよ。「こんなことしてちゃダメだ」という思いはどっかにあるわけですね。

でも、「そんなことしてちゃダメだ」と思いながら、どうやったら普通の子どもと同じようなところに戻れるかがわからない。途方に暮れてしまう。将来の自分の見通しというのは真っ暗です。だから、憂鬱な気持ちに当然なるし、落ち込むわけですね。そこで、「死のう」「こんなことだったら死んだ方がましだ」という気持ちに襲われることさえもあるんです。それは理解可能なわけです。

不安・抑うつ感情を「親に引き受けさせよう」とする心の動き

それからまた、そういう、非常につらい、不安だとか抑うつの感情をずーっと感じているわけですから、それを自分一人で引き受けておくことは、非常に大変なんですね。だから、そういう不安や抑うつの感情を、自分のものじゃなくて、お父さんやお母さんに押し付けてしまいたい。だから、お父

さんやお母さんがうんと心配してくれるようになると、自分は、「なんか父ちゃん母ちゃんが心配してっから大丈夫だ」というような感じでね、一時的に自分のほんとうの不安や抑うつの気持ちを、忘れることができるわけですよ。

その不安や抑うつを、お父さんやお母さんに手渡していくその作業で、親子の衝突がいろいろ起こるわけですよ。「うちの子はこんなになっちゃって、どうしちゃったんだろう」っていうふうに親御さんは心配が始まるし、その心配を続けていくうちに、「これじゃあ、先行き全然だめだ。もうこんなことだったら一緒に死んじゃった方がいいんじゃないか」、「自分が産んだ子どもなんだから、もうこの子を殺して自分も死んじまえ」という気持ちにさえも親御さんはなるということですね。

親御さんのそういう気持ちが強まれば強まるほど、子どもは一時的に楽になっているんですよ。ですから、親御さんのそういった気持ちを、親御さんなりに、よく距離を置いてね、眺めて、どの部分から子どもに返してやっていこうかなと考える。本来親がもつべき不安や抑うつ感じゃありませんからね。

親はどんなに心配していようが、もう時が来ればお墓に行かなければならない。お墓に行った頃には我が子はまだまだ人生の真っ盛りの中にいて、頑張ってやっていかなければいけないわけですよ。だから、親がどんなに心配していたところで、子どもの心配すべきことを肩代わりするわけにはいかないんですよ。

だからこそ、親が感じる不安や抑うつは、徐々に徐々に子どもに返して、子どもが処理できるようにしていくのが親の仕事になるわけですよね。

でも、一気に「じゃあそんなものをこっちが担いでいくわけにはいかない」と言ったところで、それでは子どもは重たい気持ちで潰れちゃうから、ある部分は親が頑張って抱えておいてやるということなんですよね。

3　二つの対処方法

それで、対処の方法ですけれども、「子どもが学校に行かない」という事態に陥った場合の対処の方法は、大きく分けると二つあります。

一つは、本人に勇気を与えて励まして、不安に立ち向かわせて、その不安の本体を本人なりに理解して、じゃあどうやってこの不安を克服していくか、という正攻法で対処するという方法です。

それからもう一つは、不安を回避する子どもを支持しちゃう方法です。

それで、どちらが一般的に多く行われているかというと、不安回避を支持する方法をとる精神科医やサイコロジストの方が多いと思います。

ただ、不安回避をずっとしてればいいのかって言うと、そうでもないわけですね。やっぱりどこかで、自分の人生として自分自身の不安を眺めて、自分なりに不安でないところにまでもっていく必要があるんですね。だから、不安回避を支持する方法をとるにしても、やがては自分の人生を始めなければ、本人が結局はひどく苦しむことになるということです。

不安回避ばっかりしていて、自分の人生を始める努力をすることが遅れれば遅れるほど、人生に取り返しのつかないマイナスが生じるということは、子どもに言っておくべきですよ。「いいのよ、坊や。何にも心配することはないのよ。そのうちにあんたの人生開いていけるから」だなんて、そんなのちちんぷいぷいの話で、三歳四歳の子どもには言っていいかもしれませんけれども、でも、小学校の高学年や中学生になっている子どもに、それを言ったらいけないですね、やっぱり。

4　不安に立ち向かわせ、たくましく成長する方向への対処

「学校に行きなさい」というメッセージの出し方

残りの時間は、「不安に立ち向かわせて、たくましく成長する方向への対処」についてのお話に絞ります。

基本的にはですね、「あなたはやっぱり学校に行った方がいいと思う」ということを親御さんは子どもさんに伝えないと、不安に立ち向かわせる方向への援助にはなりません。

だから、「登校刺激[注2]を与えないように」っていう助言を受けることが多いと思うんですけれども、それは不安回避を支持する方法なんですよ。

実際にいろいろな先生のところに行かれた場合に、どちらの方向での治療なりカウンセリングなり

をしてくれるのかっていうことは、ある程度聞かれた方がいいと思うんですよね。で、「どっちの場合にはどうだ」というその先生の得意不得意もあるでしょうから、そういうことがわかった上で、「じゃあここで治療しよう」、あるいは「もう少しショッピングを続けようか」ということを決められた方がよろしいかと思います。

それから、学校に行きなさいというメッセージを子どもに出すんですが、「一日も早く行けた方があなたは一日も早く楽になれるよ」ということは伝えるんですよ。ただ、「行かなきゃだめよ、あんた」というような、親のハラハラドキドキが、そのまま伝わってしまうような伝え方で伝えるのは、これはいけないんですね。

それがなぜいけないかというと、その親のハラハラドキドキは、元来その子どもが学校に行かないということで、子どもが感じている不安や抑うつ感が親に伝わってきて、親がハラハラドキドキするわけでしょ。それをハラハラドキドキしながら「学校行きなさい」って言っちゃう。そうすると、子どもから伝わってくる不安や抑うつの感情の、どの部分を子どもに返して、どの部分は自分が抱えておくかということを冷静に考えて、判断して、それで伝え返すっていう手続きを踏まないことになるわけですよ。

で、「ド～ン」と子どもから放り投げられてきた、この重い感じを、「これ、あんたのものなんだか

注２　文字通り学校に行くようにと促す刺激のこと。実際にはその与えかたにはさまざまなやりかたがある。

ら、何とかしなさいよ」っていうふうに子どもに突っ返してしまう、ということになるわけです。それはダメなわけです。

だから冷静に「行った方がいいと思うよ。なぜならば、この社会、やっぱり学校行った人の方が、いろんな職業の選択の幅が広がるしね、そういう意味で、あなたのためにはなるべく学校に行けた方がいいと思う」ということを伝えていいわけですね。「あなたがどうしても学校に行こうとしても行けないということであれば、じゃあどうしてそういうふうに学校に行こうと思っても行けないのか理解して、理解すれば、どうすれば学校に行けるようになるかということを考えられるようになるんだから、まぁ焦らずじっくりと、学校に一日でも早く行けるようになっていこうね」って言えばいいわけですよ。

「登校しようとすると不安になる」のはなぜか

本人は、「学校でこういうことがあった、ああいうことがあった、だから学校に行けないんだ」というこことを言うかもしれませんけれども、その言葉のすべてが、学校に行けないすべての原因ではないはずなんですね。

そんなにことは単純ではないわけですよ。同じような出来事があっても学校に行けなくなる子もいるし、そういうことがあっても学校に平気で行ける子もいるわけですよ。だから、子どもが「こういうことがあったから学校に行けない」と言っても、それがすべての原因だとは言い切れないわけですね。

ほんとうのことを言ってしまうと、子どもが言う言い分というのを、聞く耳はもつ必要はあるんですけれども、それがすべての原因で子どもは学校に行けなくなっているんだというふうに理解するのは、早合点なんですよ。それは、学校に行けないことの部分的な理解なんですね。全体的な理解にはなっていないわけですよ。

「ほんとうに学校に行けない理由」っていうのが全部わかったら、学校に行けるようになるはずなんですね。でも、ほんとうのところは全部わかっていないんで、だから、あがいても、なかなか学校に行けるような見通しが立たないわけですよね。

で、見通しが立たないだけに焦ってもくるわけですけれども、そういったときに、「なぜ学校に行けなくなったのか」を、一生懸命わかろうと考えるよりは、「学校に行こうとしてみる」ことの方が大事なんですよ。

「学校に行こうとすると、どういうことが自分に起きるか」、「どんな感じになって、『あぁ学校に行きたい』とか、『行こう』という気持ちが萎えてしまうのか」、それを子どもさんがよく観察することの方がずっと大切なわけですよ。実際に、学校に朝出かけてみようとしたときにどんな気持ちになるかとか、どんなことが頭に浮かぶかとか、そういったことを一つ一つ言葉にしてみる作業が大切になります。

それから、実際の朝だけではなくて、昼間でも学校に行くことを考えてみると、自分がどんな気持ちになったり、身体の中がどんな感じになったりするかとか、どんな考えが思い浮かんでくるかとか、どんな嫌な思い出が出てくるかとか、そういったことを観察する。それを言葉にすれば、理解はだんだんにふくらんでいくんですね。

そういうことを繰り返していくうちに、だんだんに「自分がほんとうにこんなに怖がらないといけないようなことなのかな」という思いが出てくるかもしれない。

つまり、不安を起こす対象、実体は何かということを、子ども自身言葉で把握できるようになってくれば、そうすれば不安は不安でなくなってくるわけですよ。それと同じように、学校に行こうとしても、だんだんだんだん行く気がなくなってくるとか、気持ちが悪くなってくるとか、胸がドキドキしてくるとか、そういう不安の身体的な現れっていうものが、少なくなってくる。

両親そろって問題に対処する

それから、こういう事態になったときに、以前の講義で、「夫婦仲を少しは良くするために」という話をしましたけれども、両親がそろって子どもに向かい合うということがものすごく大事です。

夫婦仲は悪いままでもいいんですよ。夫婦仲は悪くてもいいんですけれども、夫婦であるということと、両親であるっていうことは別のことですよね。「伴侶」と、「自分の性とは異なる異性の親」とがたまたま一致しているだけの話でして、夫婦であることと両親であることとは、期待される機能は全く別のことですよね。

つまり、夫婦であるということは、セックスですとか、性愛抜きでは語れない単位なわけでしょ。だけど、両親っていうと、セックス抜きですよ。子どもにとっては、父親も必要だし、母親も必要なんですね。だから、妻としては煮えくりかえる思いを夫にもっていてもいいんですが、母親としてはですね、妻としてもっている気持ちを切り離してください。

それで、「お父さんとお母さんは等しくあなたのことを愛しているし、心配している」と。「あなたが学校に行かないということに関して、お父さんもお母さんも両親として手をつないで、あなたの手助けをしたい」と言えばいいんですよ。「手助けをしたいんだけれども、あなたから見てお父さんやお母さんにどんなことをしてもらいたいか」と聞けばいいんですよ。

親に対して抱いている気持ちが学校に行けなくなっていることと関係があるかないかは、大して気にする必要はないんですけれども、そういうふうに両親がそろって子どもに面と向かうと、子どもは一方で、ものすごく安心しますよね。ものすごく大きな味方を得たと思いますよ。

それから、「こういう優しい親であるんだったら、何でももっと前からこうしてくれなかったか」という不満だとか、恨みの心ももってますよ。で、そういった気持ちを親に平気で言えるような親子関係っていうのは、すごく大事なんですね。

だから、子どもが学校に行くことと無関係に、両親に対していろいろな文句を言い出したら、「そんな文句を言われる筋合いじゃない」と怒っちゃだめですよ。子どもが親に文句を言い出したら、「これは子どもが良くなっていくための第一歩が始まったんだな」と思ってください。

そして、その子どもの親への文句を十分に聴いてください。ただし、「そう。あなたの思う通り、あなたのお父さん、私の夫って最低よね」っていうふうに、子どもとつるむのはやめてください。それをやっちゃうと、子どもは親に対して文句を言えなくなりますから。

お父さんとお母さんが離婚したいと思っていても、通常、子どもは「離婚しないでくれ」という気持ちをもっているものです。なので、一方の親と一緒になって他方の親を責めるっていうことは、子どもにとってはものすごく罪深いこと、後ろめたいことで、「してはいけないことを、私は、僕は、しているんだ」という気持ちをもつものです。それは不安を駆り立てる方向にしか作用させません。だから、子どもの伴侶への文句が、妻として、あるいは夫として「そう。その通りなんだ」っていう内容のものであったとしても、それに浮かれないように気をつけてください。「そうそう、それをお父ちゃんに言ってよ」とか、そういうのは抑えてください。そういうことをしないことが、両親として手をつなぐっていうことなんですよ。

（参加者：すみません。質問良いですか？）はい、どうぞ。（参加者：その子どもの言っていることが当たっていることがある場合は、全く否定して、そうじゃないんだよ、そんなこと言わないでみたいなことを言った方がいいんですか？）そんなことを言う必要はないです。（参加者：当たっているときは？）黙っていればいいですよ。黙って聞いていればいいです。

夫婦での問題への具体的な対処法

それから、本人が言う文句の中で、親として耳を傾けて、子どもの要望に応えてやってもいいなと思えることがあれば、それは両親で相談の上、子どもの要望を満たす方向に動いてください。それから、「ここはこういう我儘な要望を聞いてはいけないんだ」とか、「そういうことを聞いてしまうと、社会で通用する人間にはなかなかなっていかない」と思われる場合には、何としてでも、その満足を阻止してください。

だから、真夜中に起きてきて、「おい、お袋。セブンイレブン行って、あれ買ってこい、これ買ってこい」って言う子どもさん、たくさんいますよね。それをしないと乱暴が始まるとか、床に水をぶんまくとか、殴られるとか、ガラスを割られるとか、物を放られるとか、まぁいろんなことが起こるでしょう。だから買いに行ってしまうということが往々にしてあるとは思うんですが、そういう要望を満たすことが子どもの将来のためになるかならないかは、よくよく考えて、ご両親で相談されて。

もしそういう要望があっても、それは満たすのやめようということになったならば、お父さんが身体を張って、息子の暴力からお母さんを守るようにする。それから、息子の暴力が父親に向かう場合には、お母さんが身体を張るところまではやらないでいいかもしれませんけれども、何らかの手段で子どもの暴力を阻止するよう、お父さんを守る方向にいく、ということをやるということが大事です。

専門家による援助の受け方

それで、こういった対応をしても、親御さんの間だけで、あるいは親御さんと学校の先生の間だけでは解決しない場合には、当然、精神科医やサイコロジストの専門的な援助を受けるべきです。ただ、そのときに、いきなり本人を連れて行くようなことはしないで、お父さんとお母さんがその専門家のところに出かけて行って、相談してください。で、先生はどういう手助けの方法をするんだというようなことまで含めて、聞いていいですよ。それで、援助してくれる専門家として頼んでもいいなと思える時に、その人のところに行くようにする。

また、そういう決断が出たら初めて、子どもさんに、「実はお父さんとお母さんであんたのことが心配だったから、こういうところに行ってきた」と、「こういうところではこういう話をしてこういう返事が返ってきた。また別の先生のところに行ったらこういう返事が返ってきた」と。「お父さんとお母さんとしてはこっちの先生が信頼できると思うから、あんたにも行ってもらいたいと思うんだけど、どうか」というふうに話を向けてください。

それで、子どもさんが出かけていく場合ももちろんあるし、いかない場合もあります。特に中学生の場合には、治療に乗っかるということは非常に子どもにとっては怖いことで、嫌がります。自分から、「やっぱり専門家のところに行ってもいいな」と思うようになるのは、十五歳以降、十六歳を過ぎてくると、そういう子どもが増えてきます。ただ、十三、四歳ぐらいの子どもはですね、ながーい期間同じ先生のところに通い続けるということは、あんまり多くないです。多いとすればそれは、いつまでも幼児扱いしてくれる先生のところに行き続けて、のんべんだらりと無駄な時間を過ごす、ということの方が多いと思います。

親は、子どもの将来を強く信じて対処する

本人が不安を理解して克服していくには、時間が必要なわけです。昨日こういうことが学校であったから、今日からそれだけで不登校が起こりました、という話じゃありませんからね。だから、子どもがいったんそういう状況に入った場合には、むしろ時間がかかると思ってください。その営みが、なかなか目ではっきり見えるような変化に結びつかないときに、親御さんとしてはがっくりきたり、「もうダメじゃないか」と思ったり、「もうどうでもいいや」と思い始めたりすることもあるわけですけれども、そういうときに、親が子どもの将来を信じていてください。

子どもの将来が必ず開けていくんだという、親の子どもを信じる気持ちって、ものすごく大事です。その子どもさんを産んだ時に、赤ちゃんと初対面するじゃないですか。そのときに、「あ～あ、この子まともに育つかしら」って思うお母さんは超例外ですよ。ふつうのお母さんは「わー、なんてすばらしい赤ちゃん、私の赤ちゃん。最高の赤ちゃん」っていう思いをもつでしょ。強い、子どもに対するポジティブな陽性の信念ともいえるような是認、「すばらしい私の赤ちゃん」というような「何としてでもこの子を立派に育てていくんだ」というあの固い強い気持ちがあって、初めて子どもは伸びる。

だから、登校拒否のような生育上の困難に出会っているそのときに、赤ちゃんを産んだ時の、あの強い信念や希望を思い出してください。そして、「必ずこの子は自分の道を切り拓いていくんだ、いけるんだ」という思いをもち続ける。それが子どもには一番の励ましになります。

親の態度や言葉のうち、子どもの不安を高めるものを知る

それからまた同時に、親のどのような態度や言葉が、子どもの不安を高めるかを観察して、知ってください。親も、悪意があるわけでも、子どもを陥れてやろうという意図があるわけでもないんだけれども、知らず知らずのうちに子どもが「あぁ、これだめだ。これ学校に行けないわ」、「あぁ、これ俺の将来真っ暗だな」、「私の将来なんてないわ」、「もう死んじゃった方がましかしら」と思ってしまうような、親側からのちょっとした溜息だとか、そっぽを向く態度だとか、「そうね。あんたのお父さんさえもうちょっとまともだったらね」という一言だとかが、子どもをドーンと落とすわけですよ。それで、子どもは「問題を克服して前に進もう」という気持ちを失ってしまう。

そういうやり取りが、程度の差こそあれ、どの親子にも必ずあります。健康な親でも必ずあります。だから、伴侶の間で話しながらできれば。自分のそういう部分は見えないかもしれないんだけれども、伴侶のそういう部分はほんとうに良く見えるんですね。自分の欠点は本人にはなかなかわからないけれども、他人の欠点は良くわかるところが私たちにはありますから。だから、お互いに相手を責めるんじゃなくて、伴侶がそうと気づくようにちょっと言ってあげる、受け入れやすいように言ってあげ

るとかね。

それから同じように、意図に反して子どもを落ち込ませてしまっているような、自分のある種の言動に、自分が気づけるように、伴侶に助けてもらうとかね。そういうこと、大事なんですよ。

子どもの将来を信じて対処する、親のどのような態度や言葉が、子どもの不安を高めるかを知ってそれを制御する、この最後の二点が、親御さんとしては大事かなと思います。

第9講　子どもの家庭内暴力への対処

子どもの家庭内暴力への対処、ということについてのお話です。

たぶんここにいらっしゃる親御さんの場合には、激しい暴力ということはないですよね。まあ、これから振るうようになるかもしれない。実際そういうことが起きた場合に、どう理解していくか、そしてどう対応するかということです。

考えてみれば、人間の歴史で、暴力のない時代ってないんですよね。昔、一番暴力が強い人がその国の王様になって、一番いい思いをしたというところから始まるわけで、五十年前までは、ずっと戦争の歴史なんです。第一次、第二次大戦を経過して、破壊力が飛躍的に強くなってしまって。第一次大戦で飛び道具が使われるようになり、第二次大戦では原爆まで登場したわけです。そういったところからも、この国、この地球で、人間が生きていく上で暴力はいけないんだという考えが非常に強くなったんですね。

「最近子どもの暴力が増えている」というふうに考える必要は全くないんです。むしろ、そういう事細かな暴力について、人々が目くじらを立てるようになってきている、というのが本当のところですよ。

暴力というのは、実際に身体的に痛みを与えるとか、傷つけるというのはもちろんですが、言葉による暴力というのもあるわけですね。家庭の中で一番多くみられる暴力は、たぶん東洋では、夫の、妻に対する暴力ですよね。それから妻の、夫への言葉による暴力。この二つが、東洋では多いはずなんですね。

ですから、子どもだけが暴力を振るうわけではないので、私自身は「家庭内暴力、イコール子どもの親に対する暴力である」というふうには認識しておりません。誰が家族に対して暴力を振るうにしても、それはやっぱり言葉でのコミュニケーションが十分に取れていないというところで、切羽詰まって、「これ以上引くに引けない」という強い思いで、暴力を振るって何かを訴える、ということなんだと思います。

1　どのような家庭内暴力にも「Ｎｏ」を明示する

「親としての愛情をもち続けるため、暴力をやめてほしい」

子どもが、そういうことで暴力を振るう場合に、親としてまず何をしないといけないか。どんな子どもの暴力に対しても、「それはやめよう」と、「いけません」ということを、はっきりと伝えることです。

じゃあ、どうやって暴力がいけないということを子どもに伝えていくのかということなんですが。まず、言わなければならないことは、これです。「子どもに痛めつけられると、親としては子どもをどんなに愛していても、親としての愛情を子どもにもち続けることが難しくなる。だから暴力は振るわないで欲しい」ということを子どもに伝えることが第一に大切です。

次に、「暴力を振るうのではなくて、暴力に訴えたくなる気持ちや考えを、親に言葉で伝えて欲しい」と。また、「親も、子どもがそういうふうに言葉で自分の相手に伝えにくい気持ちを伝えるようにできるようになるのを、援助する」と。そういうことを言葉で伝え返すことなんですね。

暴力は振るわれない、脅しにも乗らない

それからたとえば、学校に子どもが行かなくなって、昼夜逆転が起きて、子どもが夜中ずっと起きっぱなしだというような場合に、親が寝るころになって、急に子どもが母親に向かって「これからセブンイレブンに行ってあれ買ってこい、これ買ってこい」と言い始めることはしばしばありますね。そういう子どもの物言いも暴力のうちなんですが、親がそれで買ってこない、嫌がる態度を示すと、「この野郎なにやってんだ」と言って、「暴力を振るうぞ」というメッセージで脅します。脅しも暴力のうちですね。そういうことがよく起こるわけです。

母親にしてみれば、ついつい、「痛めつけられるくらいだったら買いに行った方がまだましだ」と

いうことで、深夜の十二時だとか一時だとかに、アイスクリームを買いにセブンイレブンに行くとか、コーラを買いにローソンに行くとかというのは、しばしば聞く話です。

そういうときには、暴力や脅しには乗らないのが正解なんですね。暴力を振るわれてしまってはいけないですよ。暴力は振るわれないし、そういう脅しにも乗らないというのが正解になります。

その場合にどうやって収めるかというと、「明日の生活に響くから、買ってくるのは嫌だ。あなたもそういうことでお母さんを脅かしたりするのではなくて、ちゃんと昼間のうちに、あなたがこうやって母親に向かって『これを買ってこい、買ってこなかったらぶん殴るぞ』と、言っているその気持ちについてよく話を聞くから、今は、これ以上お互いにやめときましょう」ということを言うんですね。

後始末などで責任を取らせる

それから、実際に母親に向かって暴力を振るうとか、父親に暴力を振るう以前に、物を壊すとか、水道の蛇口からホースを引いてそれで床を水浸しにするとか、壁を壊してしまうなどの暴力行為が起きることがあります。そういう場合には、後始末を、何らかの形で子どもにさせるべきですね。

それも、しかりつけてやる、ということではなくて、「こういうことが習慣になってしまうと、あなたが大人になって社会に出て行くときに、通用しない人間になってしまう心配がある」と、「そういうことじゃ困るから、ガラスを割ったんだったらば、後片付けくらいはちゃんと自分でしなさい」と。「床を水浸しにしたんだったらば、そのままにしたら床が腐ってきてしまうんだからね、だから、ちゃんと床を拭きなさい」と。そういうことを言って、子どもを諭す必要性があります。

身体的な危険を感じる場合

そういうやり取りの中で、子どもがいよいよ興奮してきて、「これ以上やり取りを続けていると、もう実際に殴られる」、「骨を折られちゃうかもしれない」、「大怪我をするかもしれない」という危険を感じたらですね、逃げていいですから。とにかく自分が怪我しないようにしてください。

もちろん殺されたりしたら最悪ですからね。子どもが親を殺してしまったら、その子どもの一生は、終わったのも同然ですから。子どもには将来があるから、社会としては、子どもの将来を守って普通の殺人扱いはしない、というような少年法がありますけれども、あんな法律があるからといって、その子どもの「自分の親を殺した」という事実は、その子どもの記憶から消えるわけではないんですよね。その記憶というのは、一生その子どもについて回るわけですよ。

だから、親にしてみれば、殺されてしまうということは、子どもに対する最大限の仕返しになるわけですよね。だから、子どもの暴力によって、大きな怪我をするとか、殺されてしまうというのは、絶対に避けなきゃいけないことです。そのために警察に駆け込むということもあります。

たとえば今年、春の初めにあったことですけど、お母さんとのやり取りの中で気に入らないことがあった娘さんがね、マンションの廊下の壁を壊し始めたんですね。二メートルの高さで四メートルの長さの壁を壊したんですよ。で、だいたい壊し終わったころに、父親が帰ってきた。それを見た父親がわなわな震えだして、ものすごい勢いで娘に暴力を振るうようになったんですね。娘は娘で負けていない。まあ、それまでのいろいろなやり取りがあったもんですから、向かっていったんですよ。

それを見ていた母親は、「このままではどっちかが死ぬまでやっちゃう」というふうに心配をして、交番に駆け込んだんですよ。お巡りさんが、そういう母親の話を聴けば、現在の警察は対応してくれますから、そのマンションに来てくれたんですね。それで帰ってきてみたら、二人とも息を切らして、「はぁはぁ、はぁはぁ」って、お互いに怪我無く、無事にそのケンカは終わったみたいですけども。

だから「警察沙汰にすることで、近所に対するメンツが壊れてしまって嫌だ」とかという親の気持ちもわかりますけども、でもそれ以上に大事なのは、やっぱり自分達の命だし、子どもの大事な一生なわけですよね。だから、警察も使うべきところでは使ってください。

先ほど申し上げましたように、子どもが親に暴力を振るって、それで本当に幸せだと思う人は、一人もいないんです。興奮しているその最中は、彼らは暴力を振るうかもしれないけれども、暴力が収まった時には、自責の念でいっぱいですよ。

だから、何回も言いますけれども、親は子どもの暴力を受けてはいけないんですね。被害に遭ってはいけないんです。親としてしてやれることは、子どもが暴力を振るっても自分は身体的な損傷を受けないということだし、ましてや命を落とすようなことは決してないように。

それから次に、自分の激情に駆られて暴力に走ってしまって、その激情を制御することができないということは、子どもの大きな問題です。だから、その問題を子どもが克服して、暴力を振るわずに、言葉で相手に伝えるべきことを伝えられるようになる必要性があるわけで、「そうなっていく助けを親としては最大限したいんだ」ということを、子どもに伝える必要があるわけですね。

暴力の悪循環を断つ

今言ったような、直接的な言葉による語りかけをできない場合に、親は何をするかというと、「どうやったら子どもの暴力を丸め込むことができるか」と発想してしまって、直接のコミュニケーションではなくて、「こういうふうにしてあげれば、子どもは暴力を振るわないんじゃないか」、たとえば「物を買ってあげればいいんじゃないか」とか、「言う通りにしてあげればいいんじゃないか」とか、そういうふうになっちゃうわけですね。

そうなっている状況は、先がありませんから。暴力がエスカレートしていくばっかりですから。暴力は振るうし、子どもは暗くなりますよね。それで自分を責めるでしょ。それで、たまらなくなって、暴力振るいますよね。それを繰り返し繰り返しやっているだけだったら、子どもにとっては、お先真っ暗なわけですよ。親にとっても、お先真っ暗なわけですよ。それで「お互いに死ぬしかないな」、そういう馬鹿な考えをもつようにならざるを得ないわけですよ。その悪循環は、やっぱり親が断つ必要がある。

どうやって断つかというと、今申し上げたように、「子どもが暴力を振るわないで、言うべきことがあったら、親に言えるようになる手伝いをしたい」、このことなんですね。

それから、「子どもが親に暴力を振るえば、後で自分のことを責めてばっかりで、ろくなことがない。そういう不幸せな子どもなんて、親としては見ていたくない」というようなことを伝えることなんです。これが家庭内暴力対処の鉄則です。

2　子どもが暴力に至る過程を観察する

子どもが暴力を振るうに至る契機を見極める

二番目に、実際の暴力場面から離れて、子どもが暴力を振るうに至った過程を、親が冷静に見直す必要があります。どのような暴力であっても、必ず、お定まりの過程があります。夫婦ゲンカもそうですよね。必ずお定まりのやり取りがあって、次に夫が妻に一撃をくらわすとか、ついに妻が捨て台詞を吐くわけですよね。そういう、お定まりのコースがありますから、それを見極めること。

物に当たるのは、親への暴力の代償行為

よく覚えていてもらいたいことは、暴力っていうのは相手なしでは起きません。「いや、親とはやり取りしていません。ただ、親の大事にしている茶碗を壊しました」とかね、「物にあたっているだけです」、「ペットをいじめているだけです」とかいう話もありますけれども、それは親に直接暴力を振るう代償行為である、というふうにみなしてください。

実際に子どもとやり取りをしている最中は、冷静に親としてそれを眺めることは難しいです。だけれども、暴力を子どもが振るった後に、冷静になって、その場面をもう一度よく思い浮かべて、メモ書きでもいいから書いてみると。どういう順番で子どもが暴力を振るうようになったのかを、書いてみてください。

3　親の暴力への参加を同定して、自己制御する

親が子どもの暴力にどう参加しているか、自分で気づくのはむずかしい

その順番の中で、「子どもが暴力を振るう方向に、どのように自分が参加しているか」、それを見極めることなんですね。子どもの暴力そのものを抑えることはできなくても、親として、子どもの暴力に対する自分の参加は制御できますよね。そういう親の参加がなければ、暴力まで行かない、途中でその暴力は鎮まる、ということなんですよね。

ただ自分が、気づかずに、知らず知らずのうちに、子どもの暴力の誘い水を出すような参加の仕方をしているのを見つけ出すのは、非常に難しいです。どういうふうに自分が、子どもの暴力に参加しているかということを見つけ出すためには、伴侶の手助けがここでも必要です。

伴侶からの示唆、助言で、自己制御が可能になる

何回も言う通り、夫婦仲は悪くても結構です。だけども親としては手をつないでください、というのは、こういうこういろんな理由があるからなんです。自分が気づかなくても、第三者、たとえば伴侶であれば、母親が娘との間で、息子との間で、どういう誘い水をかけて、子どもの気持ちに油を注ぐことがあるか、ということが見える。母親自身よりも、父親の方がよく見えます。また、お父さんが子どもとの家庭内暴力に参加している場合には、お母さんの方が、お父さんがどういうふうに参加して、子どもに呼び水を出しているかが見えやすいんですね。

だから、父親、母親がお互いを責めるんではなくて、お互いに、より機能的な父親であろう、より機能的な母親であろうとするために、助け合う。そうすることで、親自身がどうやって自分の気づかないところで、「子どもの暴力に参加しているかというのがわかります。それがわかれば、「あっ、これだ」ということがわかれば、そういう事態が起こった時に、自分にストップをかけることができるわけです。そうすると、そこから先、子どもが暴力に至る過程は停止するわけですよ。だから、子どもが暴力を振るうことはなくなってくるわけです。

4　被虐的挑発

相手にムカツク気持ちを起こさせる仕草、表情、態度

呼び水となる親側の行動は、「被虐的な挑発」と呼ばれるものがしばしばです。たとえば、ある仕草、ある表情、ある態度が、相手にムカッとする気持ちを起こさせるんですね。そのムカッとした相手、子どもであっても、大人であっても同じですけども、相手が気がついたときには、もうお母さんを殴っていたり、蹴っていた、物を壊していた、あるいは女房をひっぱたいていた、というたぐいのものなんですね。

じゃあ、被虐的な挑発は何で起きるのかというと、それは、自分が相手に伝えたいことを言葉で伝えていないために、相手を非難する気持ちが自分の中にたまっている時なんですね。しかも自分が、暴力を振るうことに対してブレーキがかかっている場合には、相手に暴力を振るわせることによって、自分の暴力的な気持ちを、同時に発散させちゃうわけですよ。だから子どもに言わせれば、「父親のあの態度を一発見れば、スイッチが入って、すぐに暴力にいっちゃう」とか、「母さんのあの顔つき、あれ一発みれば、もう暴力まで行かざるを得なくなっちゃう」といったようなものなんですね。

被虐的挑発をしやすい人

被虐的な挑発は、程度の差はあっても誰でも傾向はあるわけなんですけれども、傾向が強い人の場合、「あらゆることに対して、自己主張できない」、「あらゆることに関して、自分にとって大切な人にコミュニケーションが全くできない」のかというと、そうじゃないんですね。多くの場合は、「ある限られた事柄に関して、特別の誰かにコミュニケーションするのが難しい」という問題をおもちですよ。

よくあるのが、「妻としての、この気持ちを分かって欲しい」というこの小さな願いを、肝心かなめの夫には言えない。代わりに、「夫族って嫌だね」って、お互いに愚痴をこぼし合う、そこでは言えるっていうね。そういう類の問題、そういう類のそのコミュニケーションの困難が、被虐的な挑発と直結していることが多いです。

だから、「夫婦仲は悪くてもいい」って言ってますけれども、要するに親として手をつないでやっていくと、夫婦仲が普通は良くなるんですよ。前半戦はね、まだ、お互いに相手のことを許せなかったりして、いがみ合っていたりするんだけれども、一緒に子どもを育てていくうえで、「お前が悪いからああなっちゃった」とか、「いやお前こそ悪いから、お前が母親のくせにこうだから、あの子どもがこうなっちゃった」とかいう、せめぎあいがあるような場合にも、責め合いはやめて、お互いに、親としてのあり方をより良くしていくために助け合う。助け合っていくうちに、夫婦仲も実は良くなってくるというのが、しばしばあります。最後まで夫婦仲が悪い、というケースは少ないです。

最後まで夫婦仲が悪い人たちも、いますよ、たまに。一年以上たっても、お父さんとお母さんがずっと口をきかないとか。

毎回、面接室に入るところからケンカなんですね。どっちが先に入るかで、まずケンカが起きる。「お父さん、お母さん、そういわず、早く入ってよ」と、部屋に入られるでしょ。それで、「あっ、これでガイダンスが始まるかな」と思うと、今度は、どこの席に自分が座るのか、伴侶はどの席に座るのかでケンカになるの。ついにはどっちが先にしゃべりだすかでケンカになる。しゃべりだしたら、相手がいつかと言っていることが違うと責める、とかいうことをやりはじめる。

もうこんなになってケンカして、そういうことで一年以上が過ぎて、あるとき本当に初めて、ケンカをせずに入室されて、ケンカをせずに着席されたんですよ。

ケンカをせずに、お父さんからしゃべり出されたんですけどね。子どもさんも同じくらいのときに片が付いたんだけれども、「ここに通って、自分達は決して仲のいい夫婦にはなれないということが良く分かった。これだけが、夫婦として通ってきて、初めて一致する意見だし。子どものこともある程度もう先が見えて大丈夫なんで、これ以上、先生に無駄な時間を使わせちゃ悪いから、自分達は夫婦仲が悪いんだというところで、同じ屋根の下で、別々の部屋で、夫婦仲の悪いまんまで暮らしていく、それでお互いにいいとなったので、これで今日最後にして」ということで。これは珍しいことですよ。

5　運動による気分の調整

有酸素運動と脳内モルヒネ様物質

最後にもう一つ、五番目の内因性の要因です。

モルヒネ様の物質が、脳の中から分泌されるんですよ。特に、エアロビック運動（有酸素運動）をする十五分くらいで分泌されます。速足散歩で汗がちょっと出るくらい、脈拍数で言えば、一分間に一〇〇から一二〇ぐらいの間の脈拍数の上昇があるような運動を十五分くらい続けると、脳の中からモルヒネ様の物質が出てくるわけです。

モルヒネっていうのは麻薬ですよ。植物で、麻酔として使うわけですけど、その麻酔で使うようなモルヒネに似た物質が、脳の中でエンケファリンとか、エンドルフィンとかいわれる物質ですけども、これが出てくると痛みは緩和されるし、クシャクシャした気持ちや疲労感もなくなるんですね。良い気持ちになるわけですよ。

なぜこのことを一番最後に申し上げたいかと言いますと。子どもさんがイライラして暴力を振るいたいときというのは、運動不足なんですね。良い運動、いい汗をかけば、クシャクシャした気持ちというのは、その内因性のモルヒネ様の物質によって緩和されるんですよ。

だから、私は家庭内暴力を振るっている子どもには、毎日とは言わない、週四日間くらい、一回一時間くらいね、思いっきり汗をかいて運動することを勧めています。実際にそれだけで、こころがうんと柔らかくなります。

両親も運動が必要

それは、お父さん、お母さんにも勧めます。というのは、子どもがもう家の中をしっちゃかめっちゃかにしてくれると、気持ちはクシャクシャクシャクシャしてくるし、イライラするしね、もう真っ暗で、どよーんとして、つらい気持ちになるでしょ。それで有酸素運動を十五分もすればね、気持ちがうんと楽になる。汗をかいたあと、シャワーを浴びるなり、お風呂に入って、ぼわんとして、ぼーっとして良い気持ちですよ。

自分の体の中に、そういう嫌な気持ちを緩和する物質を出す能力が備わっているわけですから、それを使いましょ。子どもが暴力を振るうことだけじゃなくて、子どもの将来がなかなか定まらないと、親としては辛い気持ちで嫌になってくるでしょ。クシャクシャしてくるし、落ち込むでしょ。そういうときに気分転換に有酸素運動をやってみましょう。

何でもいいです。ダンベルはあんまり大したことはないかな、速足散歩がいい。このごろ一万円くらいで、重たいペダルを踏む機械がありますよね、そういうのでもいいですし。「それも面倒くさい」と言うのならば、ちょっとした階段を、一段、登ったり下りたり、登ったり下りたりを、これを繰り返していればいいんですよ。十五分間すると、汗がダラダラダラダラダラ出てきますよ。そこまで強い有酸素運動ではなくても、それこそラジオ体操だっていいわけですよ。それで気分がうんと朗らかになります。

親が、子どもの危機的な状況に際して、あっけらかんとしているというわけではないですけど、そういう困難な子どもを見ながらも、「この子どもは何とか将来、立ち行けるんだ」という信頼感をもち続けるためには、親自身がそういう内因性の物質の助けを自分から借りて、明るい、ある程度自信がある気持ちをもち続けているということが大事です。

子どもを見限って、親が「もうこれでうちの子はもうダメだ」と思ってしまうと、それが子どもに対する、子どもの鏡になるわけですよ。子どももダメだと思う、母ちゃんもダメだと思う、父ちゃんもダメだと思う、これはもう最悪なんです。「私はもう本当、この先ないんだ」という気持ちがますます強くなりますから、暴力がますます強くなるし、暴力がない場合は、症状の悪化になりますね。ですから、そういう意味で、子どもに限らず、親御さんにも大事なこととして、都市生活で私たちが切り捨ててきてしまっている運動をして、汗をかくという営みをしてください。

以上ですが、何かご質問はありますか。

「お父さんが思いを自分の言葉にするのを、お母さんが助けるんです」

参加者：うちは暴力が子どもにあるんですが、主人と遊んでいると、十分くらいですぐもめてしまって、両方ともテンションが高くなって、ケンカになってしまうんですね。そういう場合に、それでもケンカさせておいた方がいいのか。あまりにもひどい場合は、私が止めに入っちゃうんですが。前はなかったんですが、ここ最近は主人に向けて、子どもが持っている物を投げたりするようになってしまったので。

どっちが先に暴力を仕掛けるんですかね？

参加者：私が見ている限りでは、主人が皮肉っぽいことを言って、子どもにつっかかっていくんですね。

じゃあ、お父さんが伝えたいことは、多分、息子に嫌味を言うってことじゃなくて、「もっと息子はしっかりしてほしい」とか、そういう願いがあってのことなんでしょ。そういう場合は、お父さん自身の、子どもさんへの誘い水になっている、嫌味というか、あてつけがましい叱咤激励の仕方じゃなくて、もっとストレートに「頑張ってほしい」というお父さんの当たり前の願いを、お父さんが伝えてあげられるようにすることが大事なんですよ。

参加者：そうですね。それは主人がやっているんですけれども、両方が興奮状態になって、もめちゃっているときは……。

どの程度の暴力をやっているんですか？

参加者：物を投げたら、たまたま、主人のところに向かって、顔のところにあたってしまって。かすり傷程度なんですけど。

何が当たったんですか？

参加者：本人がやっていたおもちゃのようなんですけど。
まあ、怪我をする可能性が出てくるところでは、やっぱりストップをかけた方がいいでしょう。
参加者：ただ、見ている限りでは、主人が、さっきおっしゃったように、「これを言うと子どもが嫌がる」っていうことを、明らかに出していってるんです。
はい。それはお父さんの言い方を変える、お父さんの本当の気持ちが、子どもさんに伝わるように言葉を、「あなたこういうふうに言いなさい」というわけではなくて、「お父さんが、自分のこういう気持ちを息子に本当に伝えたいと思っているんだけれども、それを伝えるためには、どういう言葉で、どういう語り口で、子どもに伝えた方がいいだろうか」ということを、お父さんとお母さんで相談して、お父さんも本当に納得したところで、それを子どもさんに伝えると。それで、「この気持ちを伝えたいばっかりに、今までこういうあいう、お前を怒らせることを言っていて、悪かったな」の一言を、お父さんに言ってもらえればいいんですよ。
参加者：これまでは、主人がカッとなっちゃって、罵倒していってしまうので、それを（子どもも）受けて、カッとなっていくパターンなんですけど。
それは、お母さんの役割は大事なんですよ。お父さんは、優しいお父さんなんでしょうけども、何かをどうしても息子に伝えたいが、息子はそれを上の空でというか、左耳から右の耳に出しちゃっている感じがして、お父さんもきっと苛立っているでしょ。
参加者：主人自体もコミュニケーションが下手なんですね。元々、子どもと同じで、自分のことを自分の言葉で言えないタイプの人なので、だから余計もめちゃうのかなと思うんですけども。

で、お父さん何が言いたいんですか？　一番。

参加者：いや……だから、しっかりしてほしいということでしょうね。

お父さんが息子さんに、何を伝えたいのか。お父さん自身が、まずは自分の言葉にする必要がある。

（参加者：そうですね）。ねっ、だからそのことで、お父さん一人で言葉にすることは難しいでしょうから、お母さんを相手にね、自分は父親として息子に何を一番伝えようとしているのか、何を一番伝えたいと思っているのかを、はっきりさせることですよね。

参加者：親がお互いの伴侶とよく相談しながら、誘い水のところを話し合うって言うのは、「あなたこういう感じよ」と言っても、相手は、こう身構えちゃっているから、なかなかこっちの提案を……。

聞く前に、「お前脅かすなよ」ということですか？　その場合はね、まあ、こういうところで、お母さんが知恵づけをしてもらって、まず、お父さんが身構えないで済むようなお父さんとの話し合いをすることですよね。それでね、何がいけないかというと、相手を責めるっていうこと。人間というのは、自分の思い通りに相手がしてくれないと、相手のことを責めたくなるのは本能的にあるんですけれども、ちょっと責めたい気持ちを棚に上げて、それでたとえば「あなたの力を借りない限り、私は母親として子どもに接することはできないのよ。あなた助けてちょうだい」と言えればどうですかね。怒鳴りながら今のことを言ってもダメだけれども、昔仲良かったころの、奥さんを思い出してもらえるような態度でね、ご主人にその物言いをしたらどうですかね。

参加者：まずやってみます。

第⑩講　子どもの自傷行為・希死念慮・自殺

1　攻撃性の病理

自傷行為とか、希死念慮とか、自殺とかについてお話しします。自殺については、実際にする子より、未遂がずっと多いと思いますけどね。

まず、自分にしても、人にしても、傷つける、暴力を振るうというのは、攻撃性とか、攻撃欲動というシステムが、脳の中にあって生じるものであるわけですけど、これがないと人間は生きていけないです。

攻撃性そのものは、決して悪いものではないんです。攻撃性が備わってない生命体なんていうのは、どの種でも、みんな滅びてしまうんですから。そういう本能的な部分っていうのは、上手に使えるようになればいいわけです。

動物の世界に目を向けてみると、実に簡単にできていますよ、攻撃性っていうのは。たとえばね、大きな魚が小さな魚を、たとえばイワシを追っかけるじゃないですか。イワシは逃げるんです、海面の方に逃げる。で、「ナブラ」って言って、イワシが飛ぶんで海面が盛り上がるんです。少し盛り上がるくらいに一生懸命逃げるんですね。そうすると、空から鳥が飛んできて、「いただきます」って、自分の命を保つためにイワシを食べるんです。

クジラはですね、何頭ものクジラが集まって、輪を作って、オキアミっていう小さなエビですけど、それを、自分たちの輪の中に追い込んで一カ所に集めるんです。それで、一頭のクジラだけが大きな口を開けていて、海水を飲んで、集まっているオキアミを食べるんです。これも、攻撃性が備わっていてはじめてできるんですね。

また、人類の歴史っていうのは、戦争の歴史ですよね。この（戦後から今日までの）五十年というのは、大きな戦争をすることなく、国内の様々な問題を解決していこうっていうことになって。人類の歴史で、この五十年が初めてですよ。

だから、攻撃性というのは重要な本能、人類が生きていくためには、上手に使わなければならないものです。それを上手に使えないと、人に対しての暴力であったり、自分自身に攻撃を向けてしまえば、自傷行為だとか、希死念慮であるとか、自殺未遂だとか、自殺だということになるわけです。

攻撃性が自分に向かい、自傷行為・希死念慮・自殺になる

一般に自傷行為というのは、手首が一番多いですけど、手首に限らず、手の甲を傷つける人もいるし、顔を剃刀で傷つける人もいるし、首をやっちゃう人もいるし、腕をやる人もいるし、足の指の先までやっちゃう子もたまにいます。

もう少し定義を広げると、自分を痛めつける行為は、心理的には全部、自傷行為と似たりよったりだということになります。

たとえば、過食嘔吐をくり返すような過食症であるとか、神経性無食欲症なんかの場合、しょっちゅう食べては吐いている。どうしても、嘔吐したものには胃酸が混ざってますから、歯がボロボロになっちゃいますよね、だから、三十歳前に全部抜歯しちゃったっていうような女性もいるわけです。そうすると、嘔吐っていう行為も自傷行為になります。

不登校を長い間続けていて、自分のもっている潜在能力を十分に花開かすことができない。それはやっぱり自分を痛めつけていることになりますからね。だから、自傷行為とは言いませんけども、とっても似ているわけですよ。

青年期には、死とか、「自分が死んだら」とかっていう考えは、しばしば出てきます。アメリカのペンシルバニア大学の心理の先生だったと思いますけど、大学生を対象にして、「大学生になるまでに、自分が死ぬってことを考えた人はどのくらいあるか」って調べたら、七割以上の人が考えたことがあるんですね。

死を考えるっていうこと自体は、正常発達の内側にあるって考えていいんじゃないかって私は思っていますけど、ただ、深刻に自殺を考えるとか、その考えにとりつかれているということになると、それは「病的だ」というふうになります。

それから、「死」ということにとりつかれていて、自殺未遂とか自傷行為をするってことだけでなくて、たとえば、ある息子さんが、大事なステレオのスピーカーを、全部細かく分解してバラバラにしちゃって、それで再生不能にしてしまうとか、そういうこともあります。それは、結局、自分を壊す代わりに、自分の大事にしているものを壊すことで、「死にたい」という気持ちを発散させて、自分が自殺するのを防いでるってことなのかもしれないわけですけども、そういったこともあります。

自殺未遂はすべて「病的で深刻な問題」として理解すべき

それで、その一方で、簡単な自殺未遂がありますね。死にっこないような薬を十錠飲んだとか、二十錠飲んだとか。

そういう、狂言のようなものを軽く見て良いのかっていうことも、考える必要があると思うんですけど、それは軽くみない方が良いんですよ。

親を脅かすための狂言に過ぎないかも、芝居に過ぎないかもしれないけど、狂言だっていうふうに断定して子どもに関わる場合に、万が一そうじゃなかった時の危険を無視することになりますよね。だから、どんなに軽い自殺未遂のようなものであっても、深刻なものとして受け止めた方が安全です。

2　自傷行為・自殺未遂・希死念慮とは

「自分の欲動の健全な発散ができない状態」にあるために起こる

その次に、自傷行為とか、自殺未遂とか、希死念慮とかについて、もう少し理解を深めたいと思うんです。

こういったことが、子どもに起こるということは、その子どもは、自分の欲動、それは攻撃衝動だけではなく性衝動も含めてですけども、性衝動や攻撃衝動を健全な形で発散することができていない状態だ、というふうに考えてください。そういう場合に、自傷だとか、自殺未遂だとか、希死念慮が出てくるんだと思ってください。

自分の、性衝動にしても攻撃衝動にしても、安心して、健全な形で発散できないで、自分の中に溜めておくってことは、非常に大変なことなんですね。

そういう場合、自分の衝動っていうのは子どもにとって非常に怖いものになります。いってみれば、自分が最も怖い存在なわけです。

その怖い自分が飛び出すことを恐れるから、人間関係から距離を取ります。自分を怖れている場合には、友だち付き合いが、普通の形ではもてなくなります。親子関係も、ほんとだったらお父さんお母さんに、「自分はこうなんだ」、「こういうことで心配しているんだ」って相談した方が、ずっと解決が早くなって良いような状況であっても、自分の衝動が怖いばっかりに、心を開いて親に相談するってことが非常に難しい状況になります。

だから、親にも自分の本音がしゃべれない、学校の先生にもしゃべれない、友だちにもしゃべれないってことになります。本音はしゃべれないけど、どうでもいい漫画の話とか、お茶らけた話ならできるわけですよ。自分の悩み、自分の衝動についての怖れが含まれてますから、本音の部分はしゃべれない。

だから、その悩みを、いつまでも自分で抱えることになる。将来に向かって夢をもつとか、展望を切り開いていくってことができないわけですね。非常に暗澹《あんたん》とした気持ちに襲われるし、落ち込みます。

行為により、苦しみ、落ち込み、辛さを一瞬忘れることができる

実際、自傷行為をしている時は、最近の研究では、内因性のモルヒネ様の物質が出るんですよ。だから、自傷行為しているときは、気持ちが逆に楽になるんです、その瞬間は。それから、過食嘔吐の嘔吐をしているときも、どうも出ているようなんですね。だから、鬱々とした気持ちや鬱積している自分の衝動を、忘れることができる。それから、攻撃的な衝動も、自分の手首を切ることで発散できますからね。気分的には、一時的だけどすっきりする。

また、これは、全員じゃないけど、人によっては自傷行為をしていると、その前後に自分が悩んでいたことを忘れることができる。忘れ去っちゃう。自分の悩みが、一時、チャラになっちゃう。

それで、相変わらず、自分が非常に怖れている自分について、誰にも相談できないということになると、鬱々とした気持ちや怖ろしい気持ち、イライラした感覚が、また増えて、また溜まってくるわけですね。それをもう一回チャラにするために自傷行為を繰り返す、ということになる。あるいは暴力をふるうっていうのも、同じことですけど。

だから、自傷行為をする人は、わりあい繰り返します。

中学の終わりくらいから自傷行為が始まって、精神科の救急に運ばれる、あるいは、入院になったような子どもの場合には、一回の自傷行為で終わるってことはほとんど例がなく、というか「一回だけ」というのを聞いたことないくらい、何回も何回も繰り返します。今説明したように、「具合が悪いんだから傷つけるのやめよう」と思っても、溜まってくる自分の気持ちを発散する別の方法とかが見つからないと、やっぱり同じ経路を使っちゃうんですよね。

自殺未遂も、たとえば十錠の眠剤（睡眠薬）を飲んだって、今どきは睡眠薬っていうと、危険の少ない睡眠薬を使う先生が多いですから、それを十日分、二十日分飲んだから死ぬなんてことは、まず絶対ないんです。自殺未遂も、結局はそういうこころの苦しみから逃れる手段なんですよね。

責めることでは、本人は救われない

自傷にしても、自殺未遂にしても、本人を責めても本人は救われませんから、そういう事態に子どもが陥っている場合には、それは、「この子は自分の中にある衝動性、性的な衝動であるとか攻撃的な衝動を、十分に安心して抱えておけないんだな」「自分のことが怖くて怖くてしょうがないんだな、自分のことを悩んでいても、そのことを誰とも相談できなくて、一人で本当に困っているんだな」ということをわかってください。

本人が言わなくても、「そういうことなんだ」というふうに、こっちが勝手に理解して間違いありませんから。

自殺の危険性を予測することは大事

希死念慮に関しては、子どもが親に「死にたい」ということを口走ることは、そんなにしばしばないと思いますけど、日記の中で、親に読んでもらえるかもしれないということで、「自分は死んじゃいたいんだ」ということを書く子どもは、珍しくないと思いますね。こういった場合に、親御さんにしてみれば、非常に心配になるわけですよ。

たとえば、手首を切ったと。そういう場合、最悪でも、手首の場合は、正中神経っていう神経が、手首の真ん中の深いところにあるんですけど、そこまで剃刀なりが届いてしまうと、正中神経を縫い合わせる作業が必要になります。けれども、それは非常に例外的なことですからね。正中神経がマヒすると手が動かなくなりますが、つなぎ合わせてリハビリすれば、動くようになります。

その程度のことですから、そんな心配は、そのこと自体ではないんです。

希死念慮の場合には、それが、どの程度自殺の危険に結び付くかってことを、親御さんとしても知る必要があると思います。その場合、親御さんだけで対応されるのは、私は間違いだと思っています。子どもにどの程度の自殺の危険性があるか、という予測をすることは大事です。どうやって予測するかっていうと、たとえば、具体的な自殺の方法をあれこれ考えてるとか、試しているとなると、非常に危険性は高いと思います。

「死にたいなあ」とか、「自殺したいなあ」と思っているけど、具体的な方法は考えてないと言えば、その方が危険は少ないでしょう。

それから、「死にたいな」って気持ちがあるにもかかわらず、「僕はこれから先どこかの専門学校に行こうと思ってる」とか、「大学に行こうと思っている」とか、「将来はこういうことやってみたいと思っている」とかというような、将来の展望があれば、自分の命を奪ってしまう危険は少ないと思います。

あとは、「元来、その子の衝動性の高さがどの程度か」っていうのが、あります。「気づいたらやっちゃってた」とか、やった後で、「あ、やっちゃった」とわかるというような衝動性の高い子。たとえば、去年の春に、若いミュージシャンが、明け方、家に帰ってきて首つって死んだじゃないですか、名前忘れたけど。[注3] あのファンの中に、「俺も死んでみようかな」って思って、気がついたらば、自分が部屋のエアコンにロープを渡して、それに、ぶらさっがってたと。それで、「ぐぐ」って絞まってきて目がちかちかっとしたところで、「いけねえ、死んじゃう」と思って、一生懸命身体を立て直して、死を免れたって子がいますけど。

こういう衝動性の高さっていうのは、やっぱり怖いです。同じことをきっかけにして死にたくなった女の子もいますけど、その子の場合には、日記の中で、「自分は後を追って死にたい」ということを書いてるんですね。すると、もうどっちが自殺に対して敏感に反応しなきゃいけないかっていうのは、明明白白なわけです。

それから、あと、周囲、家族を含めて、頼れる近しい人がいるかどうか。死にたい気持ちで、自分がほんとに死んでしまいそうな時に、誰かがそばにいてくれれば、そういう誰かをそばにおいておくことができるんだったらば、自分の死にたい気持ちを防ぐ手立てがあるわけですからね。

衝動性が高い、ちょっと死にたいなと思うと、もうすぐロープに手がいってしまう子どもでも、傍に親御さんなりをおいておくことができる子どもであれば、自殺を防ぐことができますから。だから、危険性が少ない。

ところが、傍らに自分にかかわって自分を護ってくれる人がいない場合には、たとえ親御さんが一緒に暮らしていたとしても、自殺の危険性は高いわけです。

こういったことを、私たち精神科医は推測します。だから、自殺したいとか、死にたいとかってい

注3　ロックグループ「Xジャパン」のギタリスト、hideのことを指している。一九九八年五月、自宅で首つり自殺とされる死を遂げて、社会的にも大きな衝撃となった。

う問題がお子さんにある場合には、絶対に、親御さんだけで対応したら間違いですから、専門家の援助を受けるようにしてください。

３　親の取るべき対応

動揺せず、子どもの感情と考えを理解するよう努める

それで、親がとるべき対応について、簡単にお話しします。

自分の子どもが自傷行為をしたとか、自殺未遂とか、「死にたい、死にたい」と言っているという場合に、動揺しない親御さん、いないですよ。決まって、「これは私の育て方に間違いがあった」と思われますよ。

それで、決まって、「どれが自分の育て方の間違いで、それをどう改めればいいか」ってことに気持ちが奪われます。その心の動きには「待った」をかけてください。というのは、それをやっても、ほとんど意味がないからです。

また、こうした一連の行為っていうのは、子どもの「このまま大人になってはいけない、助けてほしい」っていう救助信号でもあるし、それから、親が「自分の子育てで悪いところがある、失敗したんじゃないか」っていうことでおろおろする、そういう意味で、子どもが親に脅しをかけるという面もあるわけです。そういう、いろいろな角度から、子どもさんの心、感情と考えを、理解することが、

まず第一です。

自分の子育てのどこが間違っていたか、なんていうことを調べ上げて知るのは、一番最後です。子どもさんの心の移ろいを知るためには、専門家を選んで相談してください。

専門家（精神科医／サイコロジスト）を選んで相談する

一般的に専門家は、精神科医かサイコロジスト（心理臨床家）ですけども、問題が深刻になってくればくるほど、精神科医の方が良いと思います。というのは、自殺の危険性のあるような人との関わりは、サイコロジスト一人だけでやるというのはあまりないですから。やっぱり精神科医の方が慣れてます。

それから精神科医であれば誰でもいいのかっていうと、そんなことはありません。それは、精神科医が良いか悪いかってことももちろんありますけど、それだけじゃなくて、相談する親御さんとの相性もあります。はっきり言って、人間関係ですから。

内科や外科では、診察と検査の所見に従って、対処は、「生活をああしなさい、こうしなさい」ってことを言ったり。内科医は、圧倒的に薬の威力に頼りますよね。外科医だったらば、検査と手術に頼るじゃないですか。

精神科医は何に頼るかっていうと、親御さんの相談に乗る場合には、親御さんとの人間関係に頼るんですよ。だから、内科や外科に比べて、ずうっと、相性が大事なんです。それは肝に銘じておいてください。

もし自分の子どもがそういう問題を起こした場合には、私も、やっぱり、精神科医に行くと思うんですよ、相談をしに。

私は精神科医ですけど、子どもに対しては、精神科医じゃなくて、親ですから。それで自分がそういう立場になった場合、どういう人を選ぶかなって、考えてみたんですけど。あまり専門用語を使ってくる人は、私は避けると思います。専門用語を使われちゃうとね、相談する側にしてみると、何言われているのかはっきりしないってのがあるじゃないですか。そういう言葉をなるべく使わないで相談に乗ってくれる人がいいんじゃないかと。

あと一つ、話を十分きかないで「すぐ入院させなきゃいけない」とか、「ずっとそばにいて見張っていなさい」式の助言をする専門家は、「ほんとに、こいつの言うこと聞いていて大丈夫かな」っていうふうに、私は、自分自身に注意信号を出すと思います。それで、この先生にしようとか、やめておこうとかっていうのは、やっぱり選ぶ側の責任ですから。選ばれる側の責任じゃなくて。選ぶ側、親の責任ですから。そこのところは大事だと思います。


専門家を吟味するためには、包み隠さず話すことが大切

もう一つ、「本当にこの先生と一緒にやっていっていいのかな」って判断をする時には、やっぱり、自分の子どもの問題について、包み隠さずしゃべる。重要な情報をその先生に渡してみて、その先生がどう対応してくれるか、どう理解してこちらに伝えてくれるかを見る必要がある。そうじゃないと、本当にその先生とやっていけるかどうか、わからないと思うんだなあ。

つまり、ある部分をつつみ隠していて相談して、「この先生についていける」とか、「いけない」ってのは、思春期の子どもがファン心理で、テレビや舞台の上の歌手に憧れたり、嫌ったりするのとおんなじことなんですよ。

だけど、本当の問題をちゃんと相手に話して伝えて、相手がどう対応してくれるかっていうのは、ファン心理のレベルの人間関係じゃありませんから。もっと近しい人間関係ですから。そういうやりとりを一回はする必要がありますね。その上で「この先生に相談してやっていこう」という、そのことが、親としてすべき第一歩だと思うんですよ。

昔の習慣では、専門家に相談することがあった時には、家族会議をもつとか、同族のなかの一番信用のできる、相談のできるおじいさんなりおばあさんなりに相談してみる、とかっていうのがあったと思うんですね。

でも、自分の人生で経験してきたことだけを頼りにして、物事を判断し、対応するってのは、現代の子どもの問題では通用しないと思うんです。だから、家族で相談するっていうよりは、専門家を先に探しちゃうってのは大事だと思う。

また、専門家に相談するのを、子どもに伝えてあげること。子どもが、問題があるということを、行動を通して、あるいは日記を通して、あるいは会話の言葉を通して、あるいは身体症状を通して伝えてきても同じです。

たとえば、高校に行って、学校の勉強についていくのが大変で、便秘が起きた時とかは、言葉では伝えてないけど、「便秘」って問題で、「自分がやっていることが大変だ」と伝えてきているんですよ。

そういうことがあった場合には、「これは専門家の知識を使いながら対処していくのが、親としては大事だと思うし、それがあなたの、これからの将来のためにもいいと思うから」ということを子どもに伝えてやる。

つまり、子どもがメッセージを、親になんらかの形で伝えてきた時に、そういうふうに親が対応すると、具体的に「そういうことはいけません」とか、「あれをしなさい」とか、「これはしちゃいけませんよ」とかっていう直接的な助言を返さなくても、「親はこれからあなたのために、専門家と相談して、親として一番いいと思う方法で、この問題をあなたと一緒に考えて対応していきますよ」ということを伝えてやれば、それだけで子どもは安心します。それが非常に重要な対応になります。

４　専門家の原則的な対応

危険度の評価

専門家は、こういう、子どもが自分の攻撃性を、自分を傷つける方向に発揮しているような時、原則的にどういうふうに対応するかっていう、本当に基本的なところだけお話ししておきます。

やっぱり、専門家は危険度の評価をします。

さっき、ちらっと、自殺についての危険度の評価の原則的なことをお話ししましたけど、ああいった形で、自傷にしても、希死念慮にしても、自殺企図にしても、評価します。

その評価は、親御さんの話を聞くことで、相当できます。子どもは実際に話さなくても、一緒に暮らしている親御さんからの、包み隠さない話を聴けば、相当のところまで評価できます。最終的な評価は、そりゃ、子どもさんに会って、子どもさんがどんな状態かみてみる必要は、もちろんありますけれども、それがなくても相当のところまではできるし、とりあえずの親御さんがとるべき対応についての助言はできるんです。

それから、攻撃性を、子どもさん自身に向けている問題については、危険度の評価で「非常に重たい」、「これは、家においておいたのでは具合が悪いな」という場合には、これは入院になります。

重症のうつ病の場合とか、「このままほっておくと、栄養失調で心臓止まっちゃうよ」っていうようなレベルの神経性無食欲症、摂食障害ですね、そういうような場合は、入院ということが起こります。けれど、多くの場合は、外来レベルの相談で対処可能です。私がみていて、入院ってのは年に一人か二人ですよ。

治療関係の結び方

「これは外来レベルでやっていけるな」っていう場合には、親御さんとの相談というのは非常に重要になりますけど、原則的にはそれと別立ての治療者を子どもに与えます。それで、子どもが、自分が怖れている自分の攻撃性を、面接室なり、治療関係にもち込んでくるわけです。

治療者は訓練を受けていて、子どもが怯えている子どもの攻撃性に対して怯えない。だから、子どもは、自分では恐ろしい自分を先生は恐ろしがらないんで、その先生に安心感をもつことができるわけですよ。自分に怯えを感じないから、その先生に寄っかかれるんですよ。

それで心をひらいて、「実はこういうことなんだ」という話を、やがてはするようになる。そこではじめて、それまで相談できなかった自分の悩みごとについての相談ができるので、それまでは気づかなかった解決の道が開けてくる。その治療関係を、なるべく短時間に、効率よく展開できるような協力を、親もするわけです。

その親がすべき協力については、親御さんが相談する先生と相談すればいい。子ども自身は、思春期の場合は、自分自身が怯えている心の中身について、親に知られたくないってのが普通です。だから、親御さんが相談をされる先生と、子どもさんが相談する先生は別立てだっていうのが原則になるんです。

親御さんの相談っていうのは、子どもの直接のあれこれを子どもさんが、相談する先生から聞かなくても、親御さんからの、親御さんのもっている材料での話し合いで、対応できるわけですよ。子どものカウンセリングとか、精神療法については、別立てでやっておいてもらうってのが原則なんです。

例外的に家族療法っていうのがあります。家族療法の場合には、子ども、家族、一緒に暮らしている家族が全員集合なんですね。その中で扱っていく。

だから子どもとしては、心の悩み事全部を、その家族療法の中でさらけ出すってことはないと思うんですけど、ただそれをしなくても、自分に対する怯えが少なくなっていく、という道がたどれると思うんです。そんなところです。

第11講 思春期の性と性非行

1　思春期と性的な育ち

遺伝子プログラムに従って展開する思春期の身体的成熟

今日は、思春期の性と性非行についてのお話しをさせていただきます。

最初は、「性非行の話だけ」と思っていたんですけれども、よく考えてみると、ここの部分だけを取り上げても、なかなか理解することは難しいので、むしろ、一般的な思春期の子どもの性をめぐるさまざまなことがらについてお話しして、それで、それと性非行とがどう違うんだということがわかるようにするのがいいんじゃないか、というふうに考えたわけです。

一番最初に、思春期と性的な育ちについてお話ししますけれど、思春期というのは、ご存じのように、身体の第二次性徴が、表に現れたところから、身長の伸びが止まるまでの時期を言います。

思春期の身体の成熟は、もうあらかじめ遺伝子に書き込まれているプログラムがあって、それに従って身体が大人に変化していくということです。

子どもにしてみれば、ある意味、身体の成長があるところまでいくと、止めようもなく、自分の意志とは無関係に、身体が変化し始めるわけですね。

まあ、それを無理やり止めたいと思えば、極端に痩せて、初潮、生理を止めてしまうとか、乳房の発育を止めてしまうとか、そういうことは、やろうと思えばできなくはないんですが。結局、それをしたところで、本当に身体の変化を止めるっていうのは、できないわけです。

思春期の前半の育ち

それで、思春期の進み具合をみる時に、おおざっぱな目安になるのは、身長の伸びなんです。思春期の始まる、一年とか、まあ、早い子だと二年くらい前から、一年間に背の伸びる長さが大きくなっていくわけですね。

たとえば、小学校の一年生、二年生、三年生、四年生くらいまでは、女の子の場合は、一年間に平均して五、六センチ伸びる。それが五年生になったらば、七センチ伸びる、六年生になったらば九センチ伸びる、そういうふうに「ぐうっ」と上がるわけです。そうして思春期が始まるんですね。

女の子の思春期は、初潮を、思春期の始まりの目安にするんですけれども、そのほかにもそういうことがあるわけです。

身体的な変化というのは、第二次性徴が表にあらわれてから身長が止まるまでのわずか数年間、数年間よりもうちょっと長いですけど、その前半は、身長の伸びが大きいんですね。急激に大人の身体をつくる方向に変化します。

身長の伸びというのも、思春期の間は大きいんですけれども、半ばを過ぎると、しだいに、たとえば最初の一年間は十センチ伸びたのに、次の年は八センチ伸びたと。その次の年は急激に減っちゃって四センチしか伸びない。次の年はもう二センチしか伸びない、次の年はもう二ミリしか伸びない。そういった感じで変化していくんで、半ばを過ぎると、もうほとんど大人の身体に近いですね。

そうなってくると、子どもも自分の新しい身体に慣れてきて、安定した気持ちをもつんですけど、それまでの間っていうのは、非常に子どもの心は不安定です。

精神科医は、「思春期の子どもの不安は、正常である確率が非常に高いんだ」というふうに考えています。

なぜ、不安になるかというと、やっぱり身体が、自分の意図とは全く無関係に成熟をして、変化しますから。男の子にしてみれば、急に背が伸び出したと思うと、しばらくするとひげが生えてきたり、それから声変わりをしてきたり、ということで、その変化を受け入れるというのは、けっこう難しいんですよね。

そういう新しい自分の身体で、「大丈夫だ、大人になってもやっていけるんだ」という気持ちをもち続けるには、同性の仲間との関係が大事です。つまり、個人差はもちろんありますけれども、みんな同じような変化を経験するわけですから、仲間関係で、中学校生活を通して、「これで自分はいいんだな」という気持ちを保ってゆくわけです。

そこで親が、「子どもが自分の新しい身体に慣れ親しんでいく過程を、安心のいくものにしてあげるように手伝うこと」っていうのはほとんどできません。

子ども自身が、自分の性的な事柄に関してのさまざまな悩みを、どんどん躊躇なく親にしゃべるってことはまずありませんし、そういうことがあるとすれば、それはむしろ例外的なことなんですね。

異性の友だちとの間の、この時期のセックスっていうのは、精神発達の糧にもなりません。というのは、まだまだやっぱり、子どもの部分が大きいですから、自分と相手という人間関係の中で、相手を人として尊重するっていうことは、まだ非常に難しいんですね。

だから、この年代で、恋愛感情を抱くことはあっても、実際の恋愛だとかセックスだとかっていうところにいく場合には、相手を人として扱う、人として相手を尊重する、そういったところでの恋愛関係が成立するというものではないんですね。自己中心的な、相手を自分の満足のいくための道具にしか見ない。そういった段階にあるので、精神発達をむしろ妨害することになります。

つまりね、相手を道具、自分の喜びのための道具に使って「それでいいんだ」と思われてしまったらば、一生それは続きますからね。だから具合が悪いわけです。

道具にされて、自分が傷ついても、それで、「まぁ、セックスはそんなもんだ」という考えをもってしまった場合も、それがこれからずっと続くわけでしょ、そこから脱け出すことは大変なわけですよ。

だから、一般的に、中学時代のセックスっていうのはご法度、ということなんですね。まあ、普通に育っていれば、中学時代にセックスを求める男の子もいないし、女の子もいないのが本当のところですね。

思春期の前半に親としてできること

それで、この時期にいったい親として何ができるんだということなんですが、身体の成熟に見合った服装を大まかに認めてやるとか、にきびやその他の身体の悩みについて言ってきたらば、にきびの悩みってのは女の子はずいぶんあると思うんですけども、そうしたら、皮膚科の受診を勧めてあげるとか、助言をしてやるんですよね。

それから、息子や娘が、だんだんだんだん魅力的な、身体つきになっていくことに、やきもちを焼かない。親の方は衰えていく一方でしょ、だからやきもちを焼きやすいんですよ、実際には。そこでやきもちを焼かずに、ちゃんと見守って祝福してあげるっていう、そういうひろーい心をもっていることっていうのは、非常に大事なんですね。

で、たまにはほめてやると。ただ祝福し過ぎるとか、ほめ過ぎるとなると、親が、自分の性愛の対象と勘違いして子どもとつきあってしまうと、それは性的な刺激になりますから、それは具合が悪いですね。親が子どもを性的に刺激してしまうと、子どもはそこに留まることができませんから、外に出て、性的に行動を起こすことにならざるを得ないんですね。

それから、子どもが自分の身体に慣れ親しんでいくためには、マスターベーションも必要だし、そういった意味でプライバシーを守る場、つまり個室を与えるっていうことも大事になってくるんですね。それからまた、この時期につきものなのは、子どもの部屋のベッドの下からいかがわしい写真が出てきたけど、これをほっといていいのだろうかとか、父親はそれに対して何も言ってくれないとか、様々なことがあります。

親は、子どもに無断で、手紙だとかノートはあまり見ない方がいいし、部屋を詮索するのもやめておいた方がいいですよ。もし、そういう心配があるんだったらば、「それが心配なんだ」ということを、親として、子どもに直接言葉で伝えて、話し合うことですね。どうしてもチェックが必要だと思うんだったらば、それは「親の権限の行使」ということで、堂々と子どもの机の中を探す。それも、子どもに断った上でやる。陰に隠れてやるのはよくない。

この類いの話をする時に、親子が異性同士である場合には、二人だけで話し合うっていうのは避けた方がいいです。むしろ、両親がそろって、たとえば、母親が息子だけに、あの、「あんたいやらしい写真をもってんじゃないの、お母さん、そういうのよくないと思うから、机の中探すわよ」というふうに、二人の関係の中だけでやってはいけない。父親をそこに介在させる必要があります。同様に父親が、娘と一対一で、その類いの話をするっていうのも良くない。母親が当然同席すべきです。

この時期は、同性の同級生との、仲の良い仲間が何人か、二人でも三人でもいれば、特に心配する必要はないと思うんです。

心配しなければいけないのは、そういう仲間からはずされた時ですね。子どもはひとりぼっちになっちゃうでしょ。その時は、子どもは非常に不安定になりますから、親が、その子どもを支える必要が出てきます。

また、子どもが、そこで、はみ出してしまったグループに戻れればそれはそれでいいだろうし、別のグループに入るとしても、「このグループでは相手にされなかったから、もっと出来の悪い子どもたち、悪い子どもたちが集まっているグループに入るんだ」という想いで子どもが新しい仲間に入るのは、避けた方がいい。

つまり、グループAっていうところからはずれて、グループBに入るとしても、AもBも共に、いい子たちの集まりである、そういうグループ間の移行を手助けするようにする必要があります。そうじゃないと、だんだんだんだん「自分自身というのは、悪い人間だ」とか、「悪い子どもだ」とか、「人から好かれない、世の中の嫌われものなんだ」というような、自分についての、自己観というのができあがっていってしまいますから、そこは気をつけてください。

まあ、中学時代に男の子が性的な非行をするっていうことはあんまりないと思うんですけど、たまにあるのは、よその家のブラジャーを盗むとか、パンツを盗むとかという、一般的に「性倒錯[注4]」って言うんですけど、そういった行動がみられることがあります。女の子の場合には、時期がまだまだ早すぎるセックスに走る子がおります。

思春期の後半

で、思春期の後半戦について。

前半、後半って言うのは、だいたい、中学三年、高校一年ぐらいのところが「半ば」だと思っていてください。

男の子であれば高校寄りになるし、女の子の場合、「半ば」って言うと、中学二、三年の二年ぐらい。女の子の場合は、だいたい平均すれば、小学五年くらいで初潮が始まるでしょ。六年、中一くらいで、だいたい相当に、体つきも大人側に変わっちゃうでしょ。中二くらいが、一番親への反抗が強い時期ですよね。だから、思春期の「半ば」って言うと、中二か、中三くらいですかね。

男の子はそれから一、二年遅れますから、中三、高一、高二の半ばくらいまで。そのくらいまでが、「半ば」っていう感じになりますけれども。

それで、そこから後、背が止まるまでは、身体の変化っていうのは、あんまりないんですよね。多少、背が伸びますけど、伸びる子だって、せいぜい二～三センチ、伸びない子だったらば、もう、ほ

注4　性倒錯：性的な衝動や行動が、その対象や目的において、一般的、社会的に容認されないものに固定しているものをいう。窃視症（のぞき）、露出症などいくつかのタイプに分類されているが、ここに記された行動はフェティシズムと言われるもので、生命のない物体（下着など）に対して性的な興奮を覚えるものを指す。

とんど三、四年で一ミリとか二ミリくらいしか伸びない。

そうなってくると、子ども自身は自分の身体へのとらわれから脱け出して、自分の将来を現実的に考え始めます。で、この時期になると、恋愛も精神発達の糧になるということがあります。

理想を言えばですよ、異性間のセックスは、高校時代は、ない方が良いとは思いますけども。というのは、余計な心配しないでいい、性病の心配しないでいい、子どもができちゃう心配しないでいい。そういう意味で、セックスはない方がいいと思いますけども、しかし、あったらいけないか、異常かと言えば、それもそうだとも言い切れない。

だから、たとえば、十六〜七歳の、半年とか一年とか、一定の定まった相手と付き合っていて、たまたまそこでセックスが展開したとしても、それが、性非行かっていうとそうとは言い切れない。

問題になるのは、安定した精神的な関係が伴っていないで行われるセックスなんです。だから、会ったその日にどっかにベッドに行ってしまうとか、二、三カ月は付き合っていたかもしれないんだけど、同時進行のそれ以外の相手との関係もあるとかですね、そういったところが、具合の悪いところになります。

それで、この時期で、親としてできることとして、これはもう中学時代とまったく同じで、服装なんかも、それ相応に認めてやるとか、ニキビに助言をするとかですね、見守ったり祝福したりする。個室を与えるといったことも同じです。

ただ、この時期になると、異性の友だちを自分の部屋に、招き入れようとする、これに親がどう対処するかというのが非常に重要なんです。

もし、親が、自分の子どもが高校時代に、セックスして欲しくない、と思うんだったらば、当然、子どもが異性の友だちを自分の部屋に連れ込もうとしたらば、それは許しちゃいけないの。子どもを、子どもの部屋に、異性の友だちと一緒に居られることを認めてしまったら、それは、「あなたはセックスしていいわよ」と親が言うのに等しい。

それから、子どもが落ち着いてきたら、親自身の、子ども時代、思春期時代、いろんな経験のうち、子どもに伝えておきたいなと思うことは、伝えておいた方がいいと思います。

「自分はこういう失敗をした」っていう告白をしろと言っているわけじゃないんですよ。だけど、自分がどういう想いを思春期にもって、どういうふうに対処したかっていうような種明かしは、していいいってことです。

なぜかって言うと、子どもが、自分の性をどういうふうに自分の中におさめておくか、どういうふうに処理するか、ということに関しても、やっぱり友だちよりも何よりも、親が一番の手本になるわけですよ。

子どもは、親がそれぞれの性をどういうふうにおさめているか、つまりどう処理しているかっていうことを知っています。ただ、子どもはどうしてそうなったのかという、思春期からのつながりはわかってないです。だからそういう意味で、お手本になる親が、ある程度、自分の経験を伝えるっていうことは、やっていいことになります。それからまた、それが、手本として子どもにとっては取り入れやすくなります。

それを伝える時ですが、全部すべて、自分の思春期について洗いざらい告白する形でなく、ある部分は包んで、開示することができるでしょ。そういう伝え方をするといいかな、と思います。

今言っているようなことが、だいたいできていれば、子ども自身は、親にそんなに手伝ってもらわなくても、身体がどんどんどんどん大人に近づいていく時に、同性の仲間との間で助け合ったり、いっしょに遊んだり、話をしたりしながら、それなりに自分の身体が大人になっていくところをもちこたえる。

やがては、「じゃあ、大学に行こうか」とか、「どういう仕事に就こうか」とか、そういったことも考えるようになる。異性についても「理想の異性っていうのはどんなもんか」っていうことを、思ったりするようになる。

そういう時期に、親からある程度の情報提供がある、それから、余計な刺激は親がしない、といったようなことができていれば、ふつう子どもは、性に走ったりはしないですよ。

たとえば、「何か一時の血迷いで、一生の不作を手に握らされちゃったら、おまえ大変なんだからな」って、一言、誰かが言っておくとか、「世の中には、おっかない女性もいれば、優しい女性もいる」っていう、「選んだ方がいいんだよ」っていうことを、お父さんが息子に伝えておくとか、そういったことがあれば、その時の勢いだけで、ばーっと非行に走るなんてことはありえないですよ。

2　子どもが性的な非行に走る理由

それで、子どもが性的な非行に走るには、それなりのわけがある。それは個別的なことなので、一概にああだこうだとは言えないんです。

けれども、私が、性的に「これが非行だな」と思うのは、さっき言った通り、一定の相手と、長い間のつきあいの中で出てくるセックスではない時なんですよ。一定の相手とのつきあいが仮に一方にあったとしても、同時進行で、複数の何人かとのセックスがあるという、その類いです。

こういう、性的な非行っていうのは、なにも、性を享受してそういう楽しみにつかっているわけではないんですよ。

そうではなくて、ただ単に、自分が「一人ではいられないから」、「一人でいると不気味な気持ちが押し寄せてくる」、「突如とした不安に襲われる」とか、そういうことがあって、自分ひとりではどこにも存在することができず、誰かといっしょにいなければならない。

でも、思春期の後半に、いつもいつも、朝から晩まで、毎日毎日、同じ仲間とひっついてはいられなくなるでしょ。普通に育ってたら、クラブ活動が忙しいとか、少しは将来のこと考えて勉強もしなきゃなんないとか、いろんなことがあるでしょ。

それで、その時に、誰かといつも一緒にいなければいけないとなると、普通の子との接触じゃなくなっちゃうんですよ。男の子にも一人でいられない子はたくさんいるし、女の子にも一人ではいられない子がたくさんいて、そういう子が、すべきことを放棄しちゃう、学校には行かないで、いつもいっしょにいる。

だから、セックスというのが、本来のセックスではなくて、精神安定剤の代わり、そういう感じのものなんですよ。

それで、そうなった場合に、どういうことで、どういうわけがあって、そういうふうになってしまったのかを考えればいいかというと、それははっきり言って、考えてもしょうがないんですね。考えている間に、子どもの方はどんどんどんどん行動しますから。だから、考えても役に立たない。

それよりも、子どもが、職業選択をしていく上で、あるいは愛情対象の選択をしていく上で、今、すべきことは何かっていうことを考えて、なるべく子どもがそれをするように仕向けていくことが利口なんですよ。

場合によっては強権発動して、つきあっている子どもの仲間から、子どもを引きずり上げてしまって、その仲間との関係を断つ、ということも必要です。

たとえば、覚醒剤をやっているような仲間内では、セックスはものすごいあるでしょ。その中に入ってしまったならば、その仲間から、自分の子どもを引きずり出して、仲間との関係を断たせないことには、性非行の問題も薬の問題も解決しないってことなの。

その段階に至ってしまっている問題の場合には、親だけで考えて、対処しようとしても、うまくいかないと思います。だから、そのレベルにいってしまっているような場合には、もう専門家の助けを使いながら、解決していくということだと思います。

それからあと、家出してセックスが始まる、というような、非行の初期の段階であれば、一番有効なのは、そういう子どもを両親が手分けして、二十四時間、三十日とか五十日とかね、ずーっと付きっ切りで、家から出さない。家でそれができないんだったらば、お父さんの実家を使うとか、お母さんの実家を使うとか、そういうことで家出仲間から切り離して、それでしばらく子どもを守る。そこまで両親がやれば、子どもは、「親は本気だな」と思いますから、だから、止まりますよ。

その段階を過ぎてしまっている場合には、なかなか難しいものがある。でも、そうなってしまったからと言って、「じゃあ全員が不幸な一生を送るのか」っていっても、そんなことはないですよ。そこからもう一回、普通の世界に戻ってくる子どもさんたちもたくさんいるわけですから、そんなに嘆くばっかりでいる必要はないということです。

それで、今日、お話ししたような非行と、それに近いけれどもそうじゃない子どもたちっていうのもまた、たくさんいるわけですよ。学校に行かないで、いつも決まった友だち、異性の友だちとひっついてる。そこで、よーく親として見極めなきゃいけないのは、締まりのない性的な関係を誰とでももっている娘や息子なのか、あるいは、そうじゃなくて、定まったちゃんとした関係をもちながら毎日を過ごしているのかが、見分けのポイントになります。

決まった相手がいて、それで「死ぬ、死ぬ」と騒ぐわけでもないし、まぁ、学校には行ってないけど、毎日、楽しそうにやっとると。それで、娘や息子なりに将来のことも考えている、という場合には、あまり騒がない方がいいんです。

援助交際にどう対応するか

だから、専門的なお世話をする側の精神科医として、いつも私がみているのは、いわゆる性的な非行がある場合に、それが深刻な問題か否かは、子どもさんが、ちゃんとした人間関係の中でセックスを享受しているか、そうじゃないかをみているんですよ。

そこがしっかりしているんだったらば、多少、行き過ぎの性的な行動があったとしても、「ま、しゃあないな」と。セックスに関していったん味わった喜びっていうのは、やめさせるのは、ほとんど至難の業ですよ。そんなところで今日の話を終えたいと思いますけど、何か質問などありますか。

参加者：男の子と女の子、違いがありますか。性衝動とか、性に対する憧れとか。

あのね、女の子の方が早いですよ。思春期の同じ年代、たとえば、十四歳の男の子と女の子を見れば、女の子の方がずっと思春期は進んでいるんですよ。だから性的な活動性というのは、女の子の方が早く始まります。だから性的な非行そのものも、セックスがらみの性非行っていうのも、女の子の方が早いです。

**参加者：援助交際が怖いから、小遣いを何不自由なく与えるんだっていう何人かのお母さんがいらしたりして。親は、援助交際は怖いんだけれども、どういうふうに子どもと関わっていいかわかんないっていう声を聞いたり、私自身も思ったりするんですが。

だから、親が、性っていうのを、どういうもんだというふうに見ているか、自分が、欲しい物を手に入れたりする道具として性を親が見ていれば、子どもは援助交際に走るわけですよ。親が、性というのは、一定のカップルの間の愛情関係の中でおさめておくべきもので、別にそれで、金を稼ぐとか、そういったもんじゃないいんだっていう受けとめ方をしていれば、子どもはそれを手本にして育ってますから、援助交際なんかの心配は全くないんですよ。

だから、道具としてセックスをみてる、たとえば、お父さんが浮気している家庭とか、「お父さん稼ぎがいいから、だからお父さんのことそんなに愛してるわけじゃないんだけど結婚してんのよ」って言うお母さんがいたりしたりすると、起こるんですよ。

だから、そういう意味では、援助交際なんて、他人がそんなに心配しないでもいいのかもしれない。（参加者：でも、実際に……）。子どもさん自身も、援助交際をしている子どもさんの親御さんも、性をそんな真剣に、真面目に受けとめてないわけ。道具、喜びを得るためのただの道具にすぎないと思っているわけだから、娘さんが援助交際をしたからって、別にどうってことないでしょ、親御さんとしては。それを騒ぐ学校とか、マスコミとかですからね。

参加者：でも本当に、渋谷とか、ちょっと子どもたちが集まるところにいくと、もう、巷に満ち満ちているんですよね、そういうものが。

だけど、中学二年の女の子で健康に育っていれば、それについていかないでしょ。（参加者：いかない。

『すごく頭きた』って言ってましたけど）。だから、それについていってしまうには、ついていくなり
のわけがある。「じゃあ、五万円ならいいわ」っていう決断が子どもなりに、そこで働くわけですから。
親にしても、自分たちは、遊びの道具にセックスを使っていて、子どもにはそれはいけないって言
うんだと理不尽なことだから、あんまり強いことを子どもに言ったりすれば、子どもの方がおかしく
なっちゃうでしょ。だから、そんなにマスコミが煽るほどに、援助交際の危険が、セックスを真面目
に受け止めている人たちの間で増えているっていうふうに考える必要はないですよ。

解説

皆川邦直先生の略歴は、この解説の末尾に掲げたとおりです。先生は、慶應義塾大学医学部を卒業後、日本での卒後教育ではなく、横須賀米海軍病院インターンとなり、その後、米国に渡り精神医学の研鑽を積むという道を選んでいます。先生が精神分析や精神療法の研修に取り組まれたミシガン大学の児童思春期精神医学部門は、精神分析を創設したジークムント・フロイトの娘であるアンナ・フロイト（子どもの精神分析の創始者です）の直弟子、ウンベルト・ナハラが主催していました。つまり、先生は、アンナ・フロイトの直系の教育を受けた日本人ということになります。

その当時から、先生は子どもの治療において、親への支援をどうするかという問題意識を持っていました。その後、日本に戻り、児童思春期の臨床実践や研究に取り組む中で、親ガイダンスという独自の治療方法を作り上げていきました。

東京都立中部総合精神保健福祉センターで子育て講義中の
皆川邦直先生（1998 年）

親ガイダンスは、子ども一人ひとりについて、その両親に対して行うものです。子どもに何か問題が起きている場合に、問題の背景にある子どもの気持ちや先に進めなくなっている悩みについて、親の子ども理解を深める働きかけをすることで、親を通して子どもが悩みを解決し変化していくことを目指します。

この本の講義は、グループでの親ガイダンスの前に、親への子育てに関する心理教育をするために、講義形式で行われたものです。本書の中で先生は、親の育て方が悪かったなどの罪悪感や不安、絶望感にとらわれるのではなく、子どものこころに何が起きているのかを理解する方向へと、軸足を移していくことを勧めています。

本書で先生は、思春期青年期に起きるこころの発達や親子関係の変化について、精神分析を始めとする様々な理論や臨床実践から得られた経験やそれへの深い洞察にもとづいて述べています。この先生の理解は、アンナ・フロイトから始まる乳幼児期から小児期、思春期青年期を経て、成人にいたるまでのこころの発達やその時々の課題を明らかにするという精神分析の歴史的な流れを受けついでいます。

思春期青年期のこころの発達を理解する上で、本書にある「愛着（対象との強い絆）」、「分離（対象との分離や離別）」と「個体化（自分自身を作ること）」の三つをキーワードとして考えることができます。人のこころの発達は、生後一年間に、母親対象との間で強い絆を作ると同時に、その母親と自分は別個の存在であることに少しずつ気づき、自分という意識を持つようになります。この三つの側面は、その後のこころの発達においても続き、一生を通じて繰り返し現れます。思春期青年期における親への自己主張や反抗が大人を悩ませますが、これは本書にあるように、象徴的に親を「超えること」や心理学的「親殺し」という分離の側面を現しています。また、仲間や友達関係を作り、愛情対象を選び出すことは、愛着形成の側面を現しています。さらに「自我理想を現実に沿って置き換える」については、たとえば野球選手やサッカー選手になりたい、アイドルになりたいという、大きいけれど画一的な夢から、現実的な目標へと変化していくことであり、それは個の確立を現しています。

また、この講義で先生は、思春期青年期を中学三年から高校一年あたりを境に、大きく二つに分けて考えています。そして、思春期前半については、二次性徴にともなう体の変化が生じ、それをどのように受け入れていくかという課題があること、後半については、子ども時代や親対象にどのように別れを告げ、愛情対象の選択や職業選択ができる大人になっていくのかについて述べています。

思春期青年期では、これまで述べたような発達の課題があり、子どもは大きく揺れ続けます。そして、先生の講義では、両親が子どもに起きていることをどのように理解するか、揺れる子どもに対して、どのように接したらよいかについて具体的な示唆を与え、子どもが困難な時期を乗り越え、先に進んでいく力を信じるように励ましています。その際に、夫婦の間に何か問題があったとしても、子どもへの対応については、両親が協力して、一枚岩になって対処することの重要性を繰り返し述べています。さらに、第2章では、困難な時期を夫婦が協力して乗り越えることで、夫婦間の親密さが戻ることや、夫婦仲を良くするためのヒントまで話されています。また、第3章では、こころの発達を一時的に止めてしまうこと（不登校）、攻撃性の問題（家庭内暴力）、生きる方向ではなく死ぬ方向に考え出す（希死念慮や自殺企図）や性的逸脱の問題（性非行）について述べています。

本書を通じて、先生は、理論や臨床経験を本当に自分のものとしている臨床家であることが分かります。だからこそ、この講義では、専門用語はほとんど使わず、自分自身の言葉を使って語っていて、だれにでもわかりやすい内容となっています。また、実際の講義ビデオを見ると、時には背広姿で、時には腕まくりしたはつらつとした姿で、闊達《かったつ》かつ明瞭に、流れるように話されています。

先生は優れた臨床家であるとともに、優れた指導者、教育者でもありました。面倒見がよく、優しくもあり厳しくもありましたが、基本的には、その人の自主性を尊重し、うるさく言われることはありませんでした。

また、先生が大変な勉強家であったことに、気づかされた出来事がありました。先生がギックリ腰になって動けなくなり、救急車で大学病院に運ばれたことがありました。救急外来に駆けつけたところ、先生はストレッチャーの上に横たわっていましたが、横の長椅子に大きな紙袋が二つか三つ置いてあるのをふっと見つけました。なにげなく中を見ると、英語の文献がぎっしり詰まっているのを見て、驚きました。入院中に時間ができるので、読もうと思い、とっさに持ち込まれたのだと思います。

本書のもととなる講義が行われた東京都精神医学総合研究所時代は、先生にとって多産な時代だったと思います。先生と同じ研究室には、優れた臨床疫学者である故三宅由子氏がいました。当時、多くの若い精神科医や心理臨床家がそこに出入りし、先生と三宅氏の指導を受け、研究の計画から実践、論文作成まで指導を受けました。そこでは、夜遅くまで議論が続き、臨床や研究だけでなく、人生の先輩として、時には恋愛指南や釣り談義など、さまざまな話題に花がさきました。本書の講義と同じように、研究所での話し合いから、自分が今、どういう課題に直面し悩んでいるのか、それに対してどうすればよいのかなど、人生に関するヒントや多くの励ましをもらうことができました。まさに、そのような先生のもとで、自我理想となる数多くの経験を得られたのでした。

先生のそうした指導能力や人柄に惹かれて、先生の周りには、さまざまな経歴を持つ臨床家が数多く集まってきました。そして、学閥などにとらわれずに、自由に学べるようにと考えた先生は、集まった臨床家たちに声をかけて、一九九三年に東京精神療法研究会（ＴＰＳＧ）を立ち上げられたのです。そして、この会の立ち上げは、七月四日という米国の独立記念日を選んで行われました。私たちには、そこに、先ほどの個体化と同じように、自立して自由に学ぶことへの先生の強い意気込みが感じられました。その会は、先生の教えを受けた指導者たちにより運営され、現在も遠藤幸彦代表のもと、精神療法を学びたいという若い臨床家たちの教育を行っています。その会でも、本書の講義で話されたことも含めて、先生の周りに集まり指導を受ける人たちに、専門書などでは理解することが難しい概念や理論を、とてもわかりやすく話されていました。人のこころの発達に関する理解を伝え、その人が前に進む励ましを与え続けるという、首尾一貫した姿勢が先生にはあります。

先生は、法政大学に移ってからは、心理臨床家の教育や養成に携わる一方、サイコセラピーインターナショナルという診療施設をつくられて、思春期青年期だけでなく、成人を含めた個人精神療法をおこなったり、若い臨床家の指導を続けられたりしました。また、日本思春期青年期精神医学会の会長という要職も務められました。そのような形で、ずっと臨床現場に立ち続け、生涯現役を通されました。

本書の元になる講義ビデオは、法政大学の臨床心理室の戸棚に置かれていました。その存在に気づいた角美弥子氏が、ＶＨＳビデオのままでは、いずれ再生する機械自体がなくなると思い、ＤＶＤに落とすことを事務方に聞いたところ、相談室の所有ではなく、先生個人の所有物だと分かりました。そこで、先生の許可をとって、ＤＶＤにしたという経緯があります。そのお蔭で、この子育て心理教育の講義ビデオが、奇跡的に現在まで残されることになりました。

講義ビデオからの逐語録作成という大変な作業を行った人たちに感謝します。ここに謝辞とともに名前（敬称略）を挙げます。海野有希、長田律、高野寛之、白神理、鈴木朋子、角美弥子、橋本隼人、福栄太郎、馬渕麻由子、横澤希美、脇坂陽子の方々です。

編者一同

著者略歴

皆川邦直（みなかわ　くになお、一九四六―二〇一六）

一九四六年十一月六日　東京に生まれる

一九七一年　慶應義塾大学医学部卒業

一九七一～一九七二年　横須賀米海軍病院インターン

一九七二年　渡米

一九七五年　米国ロヨーラ大学医学部精神科レジデンシー終了

その後、ミシガン大学医学部精神科児童思春期精神医学クリニカルフェローシップ修了

一九七八年　慶應義塾大学医学部精神神経科学教室助手

一九八〇～一九八四年　同大学院

一九八四年　「青春期精神医学における臨床単位分類への試み――記述症候学と発達力動論および治療論の統合をめざして――」、慶応医学、一九八三」にて医学博士号授与

一九八四～二〇〇一年　東京都精神医学総合研究所、副参事研究員、同参事研究員、技術部長

一九九三年　東京精神療法研究会（ＴＰＳＧ）を立ち上げ代表に

二〇〇一～二〇一六年　法政大学現代福祉学部教授、サイコセラピーインターナショナル院長

二〇一三年　日本思春期青年期精神医学会会長に就任

二〇一六年　逝去、法政大学から名誉教授号授与

著訳書　『精神分析的発達論の統合②』（監訳、岩崎学術出版社）、『治療作用』（監訳、岩崎学術出版社）、『思春期患者へのアプローチ』（診療新社）、『子育て心理教育』（安田生命事業団）、『精神分析セミナー第1～5巻』（編著、岩崎学術出版社）、『境界例』（編著、医学書院）、ほか

編者略歴

生田憲正（いくた　のりまさ）

1981年　慶應義塾大学医学部卒業

慶應義塾大学医学部精神神経科助手，ハーバード大学マクリーン病院臨床研究員，国立大蔵病院精神科医長，国立成育医療研究センター思春期メンタルヘルス科医長などを経て，2015年より現職。

現　職　クリニックおぐら副院長，医学博士

著訳書　『境界例』（分担執筆，医学書院），『子どもの身体表現性障害と摂食障害』（共編著，中山書店），『知っておきたい精神医学の知識』（共著，誠信書房），ほか

第1章担当。

柴田恵理子（しばた　えりこ）

1985年　藤田保健衛生大学医学部卒業

藤田保健衛生大学病院精神神経科，東京女子医科大学病院小児科，藤田保健衛生大学精神科思春期外来担当，医療法人静心会桶狭間病院，国立小児病院精神科研究員，高田馬場新澤ビルクリニック院長を経て，2007年より現職

現　職　医療法人明心会ルーセントジェイズクリニック院長

第2章担当。

守屋直樹（もりや　なおき）

1979年　慶應義塾大学医学部卒業

慶應義塾大学精神神経科助手，埼玉社会保険病院（現・埼玉メディカルセンター）神経科部長，昭和大学藤が丘病院精神神経科助教授などを経て，2006年より現職。

現　職　渋谷もりやクリニック院長，医学博士

著訳書　『治療作用』（監訳，岩崎学術出版社），『境界例』（分担執筆，医学書院），『精神分析的診断面接のすすめかた』（編，岩崎学術出版社），ほか。

第3章担当。

精神科医の思春期子育て講義

ISBN 978-4-7533-1149-1

著者
皆川 邦直

2018年12月 5 日 第 1 刷発行
2023年 9 月 1 日 第 2 刷発行

印刷・製本 (株) 太平印刷社

発行所 (株) 岩崎学術出版社
〒101-0062 東京都千代田区神田駿河台 3-6-1
発行者 杉田 啓三
電話 03 (5577) 6817 FAX 03 (5577) 6837